Trans+

Trans+

Trans+

Trans+

不在

不同的存在

小異　小小的奇異

不在系列 04

近好事——好磁場與好報應的祕密

作者：陳美蒂
責任編輯：江怡瑩
美術編輯：何萍萍
法律顧問：董安丹律師、顧慕堯律師
出版：小異出版
台北市105南京東路四段25號11樓
TEL：(02)87123898 FAX：(02)87123897
e-mail:locus@locuspublishing.com
www.locuspublishing.com
發行：大塊文化出版股份有限公司
台北市105南京東路四段25號11樓
讀者服務專線：0800-006689
TEL：(02)87123898 FAX：(02)87123897
郵撥帳號：18955675
戶名：大塊文化出版股份有限公司

總經銷：大和書報圖書股份有限公司
地址：新北市五股工業區五工五路2號
TEL：(02) 8990-2588
FAX：(02) 2290-1658

初版一刷：2008年1月
初版八刷：2018年9月
定價：新台幣250元
ISBN 978-986-82174-6-1

Printed in Taiwan

近好事

好磁場與好報應的祕密

陳美蒂◎著

本書所述之「善願小隊」爲私人團體，並無公開對外募款，
亦與「中華民國善願愛心協會」無關，特此聲明。

人為善，福雖未至，禍已遠離；
人為惡，禍雖未至，福已遠離。

——弘一大師

目錄

第二篇　靈魂與善惡的磁場

第三篇　善願自救

Q&A

自序
天上有審判？

從沒有想過因為自己與旁人不同的「驚豔」（經驗？）而出一本書，何況我不是文字工作者，出書對我而言，雖不能說是天方夜譚，卻從無此念頭。

四、五年前某夜，與我心靈相繫的「大老闆」來訪，祂明確表示時候到了，必須將我半生的歷程著書為文，同時找出版商出版。甫接獲訊息，我的本能反應為拒絕，這曾經是我過往對自己「天賦」不睬不理的態度。我回拒的理由很簡單，因為我的經歷難加驗證，同時我不認為會有出版商願意冒虧損的風險，來出版這一本看似「江湖術士」的書，還有也不容易找到撰寫我的故事的人。

大老闆一直是最瞭解我的，諄諄曉以大義，且提醒我，一位與我相交二十餘年的摯友，正可以當這支筆（她是一位資深撰稿人，我們兩人相知不虞，有深刻的信賴情誼），而有關出版事宜，則由祂來處理。雖然如此，我還是跟祂抗衡許久，讀者只要讀下這本書，就可以瞭解原因為何；而故事的轉折之一為我的好友居然願意撰寫這本書，因為有了她的應允，我才認真思考如何進行書稿事宜，而其他的事情（包括出版等事宜），就交給大老闆來處理吧！

這是我在認知自我能力之後，所學習到的謙卑態度之一，因為有些事情，絕非己力所為，「全心信賴」是我當下的接受。

我生長在小康之家，自幼容受雙親的疼愛，父母親的愛陶養我見事不平、心生匡助的動力，小時候住在台北市最熱鬧的街肆，左鄰右舍均是商家，我總是神來一筆的說出旁人無法瞭解的事情，母親也許是見證我擁有奇特能力的第一人，不過一向傳統的媽媽並不聲張，也因此讓我安度童年。

爾後有更多驚異的事件發生，讓一向崇尚理性以及性格膽小的心靈強力拒絕，一直到我吃足苦頭，不得不對老天爺俯首稱臣，這時，我才謙遜地感恩於上蒼賜給我的稟賦，而願意承擔與生俱來的使命。

我與其他女子一般，對自己的一生有期待，有美夢，尤其是婚姻與愛情的人生歷程，是年輕時刻花季歲月的浪漫情懷，也在自己為人妻、為人母，甚而結束一段人人稱羨的婚姻，強力將自己「墮入凡塵」去品嚐生活的困頓之後，才漸漸領悟，我必須經過這許多生活的責難與惶然，唯有如此，方能體會普羅眾生的艱苦，瞭解人生的滋味。

這幾年因著更關懷生活周遭的事物、更關心人活在世間的尊嚴與價值，對於我們曾經熟悉與鍾愛的社會，產生了諸多的無力感。我的無力除了有形社會普世價值的失落，更有無形空間中難以安棲的「它們」。

先就有形的大環境言，我們的社會或因政客惡鬥、或因官商勾結、或因人心沈淪、或因物質至上，已經喪失了昔日的樸實敦厚，在價值混亂的當下，如何堅持善惡的抉擇，以及明辨是非公理，似乎已經陳義過高，因為所見的是素行不良者坐擁富貴高祿，溫良恭儉者倒成為「落伍」的一群。

於無形的空間中，悽悽無依的「它們」四處遊走，它們的出現與日遽增，無論是因為情傷、家敗、失業、意外、好勇鬥狠等各種因素而殞命，因為無法臻登「無上」，而充斥在我們生活的四周，它們的怨氣四溢，總會不慎侵及人身，而造成更多的意外。

我雖有一些特殊的際遇與能力，甚而有時能夠預知將發生的事件，但獨力難以回天，因為這是社會大環境以及人心小宇宙的價值落差，在當下的多數人不再相信有善始有善終的天道倫常，以及善惡皆有報的天理綱紀，社會與人心的墮落，將拉距出未來更多混濁的現象。也許這即是天神慈悲，希望藉助我的親身經驗，為文書之的原因。

書中所載皆為真實故事。我的記憶極佳，而且一向有把重要事件記下的習慣，這是因為有時我接獲訊息，心中仍不明所以，或在無意行進順勢而為（如隨性自在的旅行），卻不日立即印證事件的發生以及我的參與。於是這些筆記成為採訪素材，整理下來，由我成長的故事開始，一直到「認證」的過程、宇宙磁場的善能量，以及「大老闆」需要我傳達的訊息，一件一記地串連，輯成一冊。

這些文字看似駁雜多元，卻是我將自己所知的重要訊息，將所謂匪夷所思的事件與奧祕的空間，以真實的事例，詳加敘述。尤其是解釋善能量的磁場、玄密的神靈世界，與善惡皆有報的疑惑，無不是大老闆希望我透露的點滴（尤其是惡有惡報的實例），希望這一片苦口婆心，能啓發人原就具有的善本能，進而創造自有的善念，養成光潔能量的善磁場。

當我們的社會角落充滿著如此具善思、不貪、平和、踏實，以及回饋的心念與行動，大家所期待安和樂利的社會，方能在穩固的人心基礎上建立。在台灣具有善根善行的人數不少，我們一定有機會扭轉乾坤，重塑價值。

至於我的「大老闆」是誰？讀者於閱讀本書之際，一定會心領神會的了悟，原來祂是如此的悲憫有情，擔憂我們的社會淪喪至無可救藥；而祂又是如此的寬厚慈悲，以眾生的救贖為己任，每一日的每一分、每一秒均在我們左右。因為大老闆慈悲為懷的大愛，讓我不得不盡快傳遞這一個訊息：天上絕對有審判，切莫僥倖行險，也許有生之年我們未必看得到，但不是不報，而是時候未到，尤其在禍延子孫這一塊，切之！戒之！

最後我必須感激出版本書的大塊文化出版事業集團董事長郝明義先生，我與撰稿的傳文於十一月左右透過電子郵件與之聯絡，當時兩人都覺得唐突，但是我們都知道，這一本書的出版非他莫屬，這其中有許多上蒼的美意以及因緣，不過總是初次接觸，難以言明，但是郝先生卻在百忙之中立刻回覆，而且在我們見過面之後，親自看過書稿，並持續參與本書的編輯作業——不但在仔細聆聽我的經歷之後一再調整本書的架構，並且對許多細節也提供非常好的意見，讓本書的風貌得以一貫。甚至，連本書書名《近好事》最後也是他調整定案的。人稱郝先生為出版界的才子，除此之外，我更覺得他肩負台灣傳媒正向指引的使命，是一位我尊敬的出版人。

而撰寫本書的劉傳文，與我深交近二十五年，我們用了兩年多的時間，從採訪到撰稿到一再地修正，傳文均不以為苦。我們兩個麻吉真是心領神會，有時我無法言述的，她都能夠抓得一分不差，這一本書與其說是我的過程以及上蒼的期待，也是我們兩人以半生體悟生命價值的結晶，在此更感謝她的用心與參與。

走筆至此，才驀然發現今天是我先生的生日。顛沛與高、低潮行走的半生，大老闆賜給我最佳的禮物就是他，有他在一旁默默的扶持，讓我毫無疑惑的向前邁進，實現我與生的使命。謝謝你，我的生涯伴侶。

於二〇〇七年十二月十九日

〔致謝〕得知本書即將三刷，感到十分欣慰。在校對這個部分，是我的一位好友——聖約翰大學魏敏慧老師，花了極大心力逐字校正，在此一併申謝！

於二〇〇九年一月十六日

採訪手記

天使來到人間

劉傳文

我與本書的主角是二十多年的朋友，我永遠記得第一次見到她時那「驚豔」與「熟悉」的印象。爾後成為密友，我一直以「天使」這個暱稱稱呼她。

我與天使一樣，是戰後新生代嬰兒潮第一波來報到的小泡沫，而且擠上接受高等教育的列車。我們這一代的女子，幼承「服從」庭訓，成長之後，一肩擔起家庭、情感、工作的社會責任，當發現自己不再那麼「傳統」時，這時候可能就會面臨婚姻、家庭與自我價值上的衝突。

我們就是在這一段反思自我生命價值的當刻，藉著一段採訪的因緣而結識的。那時候，天使住在工作室不到一坪的倉庫裡，我見到她可愛的小女兒，她正在為生命的理想搏鬥，處在「準備離婚」的狀態。

而我亦是。從前夫家中棄絕而出，不是因為前夫搞外遇、賭博、酗酒，而是發現兩人的生命景觀越來越不同調，根本無法想像「我們就這樣過了一生」的未來，所以，一刀劃下，為著俗世所不瞭解的價值奮鬥。

這種心情只有她懂得，我們兩人如雙生姊妹一樣，如此一見如故的「熟悉」，而天使令我驚豔的不只是慧黠如水晶的美麗，更是對生命選擇的堅持。想想，多少人擁有如此的勇氣，拋開優渥的生活、尊貴的社會地位，而下放到泥濘的塵土，尋覓自我最純粹的價值。

二十餘年的友誼自這份相知與相惜開始，一路走來，兩人重新啓動生命的決定，尤其是天使，就像是不停蹄的壯馬，足跡踏遍中國，行旅遠至天涯，永遠不斷地探索與嘗試。

「天使心」玲瓏剔透，與之相交，如沐春風。她心思綿密，永遠體恤旁人的難處，然慧黠溫柔的笑靨下為一顆急公好義的心腸，常見她隨手拈來幫助身邊的朋友，甚或是毫不相干的人，有時我會戲稱她為無可救藥的理想主義者，在這混濁人世，尚能擁有如此純真與純善的心懷。欣賞天使，如同肯定人的身上依舊保有赤真性靈，讓我對生命不失望，於是我與天使的友誼，就在這真與美的互動中，一路行來，越沈越醇。

當然讓我逐次瞭解的是，她獨特的能力與天賦的使命。

天使從不張揚自己的「天賦異稟」，我因為近身成為她的密友，逐漸略知一二，這種分享成為心領神會的默契。她不多言，我也不多問，而她往往在我生命轉場之際，給予極佳的意見。就在如此相濡以沫中，我見她一路行來，廁身六四、遠赴義大利、行旅紐西蘭，以及足踏九二一地震的破碎土地（書中略去本節），每一回與之對話，她的憂心與焦急，都讓我感懷。

有幸成為善願小隊（註：「善願小隊」的由來，見〈寫在篇首〉）的成員之後，兩人更是無話不談，直到有一天，天使對我說，希望寫一本書，詢問我的意願，我毫不考慮地就應允下來。

當時我手頭上還有一本科學家的傳記，撰寫的進度已經落後，出版社刻正急迫催稿，這一本書已經攪得我焦頭爛額；再說，依照我的工作習慣，一向不敢同時應允兩本書。不過，那時有一股非常清楚、捨我其誰的責任感，要求自己一定要接下來。

感激上蒼的垂愛，讓我寫下這本書，記述好友半百歲月的故事，以及她不斷循循善誘的叮嚀。兩年多的時間，撰寫過程在峰迴路轉的悸動中，數度慨嘆頓筆。

我寫過十多本書，有小說創作、女性思考文字、直效行銷理念、科學家的傳記等，甚或擔任影子作家，無論是因為工作而寫作，或僅單純為自我的興趣，心中卻一直有著：「這只是一段練筆的歷程」的感覺。我曾經對天使說，覺得所寫的東西倏忽即忘，不曾駐紮心中，我的筆應當有其他的任務，因為我一直在等一本書。說這話大約是在十年前。

十餘年後的夜晚，行腳異鄉，窗外天寒地凍，獨坐窗前打電腦撰寫書稿，眼前滿街暗夜燈火，美如幻夢，聖誕節的璀璨是鹽湖城表達聖嬰降臨的喜悅。這一晚，我有著說不出的悸動，在電腦前滴滴嘟嘟地敲著鍵盤，一種難以言喻的力量貫穿全身。我突地一悟，我的天！原來所有練筆的過程，都是為了這本一直在等待的書哪！驀然回首，燈火闌珊已是十年前與天使的那一席話，這時候，眼眶已經蓄滿淚水。

我終於瞭解為何由我擔任她的「筆」，這是因為我與她二十餘年來彼此信賴、不忮不求的友誼，也因為我曾經點點滴滴地瞭解她的行止作為，雖然亦得知為「大老闆」的圈選，天使卻自始至終讓我有選擇的權力。

不語怪、力、亂、神，是知識分子理性的堅持，我曾經與天使一樣，是不折不扣的「鐵齒」一族，尤其是年輕時刻，一切存有懷疑，絕不相信未經印證的事情。然而生命的歷程卻是如此峰迴路轉，我漸漸感悟到宇宙天地之內，善惡伏倚，終有了斷與審判的時間，無論是藉助天使身旁發生的故事，或我親身目見的事實，使我過往的疑惑，一掃而空。

尤其是撰寫這本書的過程，我常覺得是我在下筆，也是天使在下筆，但又不是我們在下筆，因為寫作時，我的思緒往往放空，就是有一股無名的力量串穿全身，讓我一瀉而下，了無罣礙。

奇特的是，書稿尾聲之際，尋找出版社的過程，充滿驚喜。其實，我並沒有太大的把握將這本書推上市，因為坊間同類的書籍所在多有，但又似是而非，對於任何一家有規模的出版社，要選擇書籍，除了市場之外，仍有傳媒的使命，這一本書到底應當如何尋找到「大老闆」期待的文化出版社，並不是那麼容易。

然而一切真的是在「大老闆」的穿針引線下，順利完成，每一個時間、每一個環扣，發生得一絲不差，這本書能夠「如期」出版，原來天使心中早有定論。

我們無法擁有如天使般獨具的能力，但是我們卻能夠與心中的菩薩（或是天主、上帝、聖母等均可）坦誠相對，而如何能得到天神的默佑，幫助自己轉危為安，一切的決定權均在自身。

善心善念者天恆助之，謙卑感恩者得道多助。宇宙遼穹，人在四角八方的空間中極其渺小，但是人類的進步卻根於永恆的價值，天使在書中千囑咐萬叮嚀的，唯「善」而已。善者；善心、善念、善行，體恤他人的艱難，凡事為他人著想；如此一來，心靈自然清澈，人就能夠尋找到與上蒼對應的方法，讓祂如甘泉般永駐心湖。

請相信我，因為我已經感受到祂在我每一次的轉折中，慈悲與包容的力量，讓一向跳汪、急躁的我，在波動不安的現狀下，依舊安舟渡行。老天無上與廣涵的智慧，將因為自己的謙卑，福披於心。

希望這一本書也能帶給您如此的「好處」，就如同天使所說的，即時行善，您的回收將遠大於自己能夠想像。

感激天使讓我寫這本書，幫助我更瞭解宇宙是非善惡的判準。感激天神一路指引，讓唐突的半生留下無上智慧的言語。

寫在篇首

從「藍明元」說起……

這一天下午在上課時，一直接獲「訊息」，訊息的指引只是告訴我「有事」，讓我有心理準備，不過到底是什麼事，連自己於當下之刻，也不清楚。

午夜，又是一夢。

我走在一片翠綠的大草原上，天空湛藍，陽光豔麗，奇怪的是，卻覺得渾身冷颼颼，仔細一看，原來，腳底碧波草原下面是結凍的冰原，即使天清雲淨，陽光溫暖，站在冰原上，還是不寒而慄。

這是什麼地方？我怎會在這裡？夢中的場景快速轉換，一個我不認識的人緩緩走來。他對我禮貌的一笑，說：我在冰下面很久很久了，非常不舒服，好想出來曬太陽。這到底是什麼意思？心中兀自疑惑，眼前的景象又一瞬刷下，只見遠處有個像是一座廟的建築物，直覺是，這應是一座殯儀館，方在念頭當下，那殯儀館忽忽遠去，把我拋到視線之外。夜半夢醒，依照往常的經驗，這夢應是與往生者有關。

晨起爾後，隨即上網找台灣所有殯儀館的電話，計畫一家一家的打，詢問是否有在殯儀館中許久而無法安葬的遺體。我的運氣非常好，第二通電話已經找到了「他」。

原來他在台北縣的殯儀館已經四、五年了，一直沒有親人認領。殯儀館不敢貿然處理的原因，是思考及相關的法律責任，因爲若有不明因素導致死亡，遺體爲唯一的證據。所以，他就在殯儀館的冰櫃中冰存數年，無法安葬。

我非常確認就是他，在於這位往生者的姓名叫做「藍明元」（眞名），直是我夢中那藍天豔陽的寫照。

也是因爲這一樁夢境，我才瞭解台灣有一些意外路倒的往生者，如果沒有親人家屬的認領，他們就會一直「封存」在不見天日的冰櫃裡，無法劃下人生最後一程的句點。

我只是一介平民百姓，從北縣殯儀館得來消息之後，就試圖去尋覓他的親人。我與先生透過警察局口卡系統的幫助，終於在南投的山上找到藍明元尙在讀小學的兒子。因此，我們的第二件事情便是開車上山，對藍明元的小孩說明爸爸的情形，而且需要他同意授權給我們這兩位陌生人，去處理他父親的喪葬事宜。

藍明元是在基隆的車站路倒身亡，他被送到台北縣的殯儀館後沒有多久，就發生了九二一大地震（一九九九年），這一次強震讓全台驚慌，藍明元的妻子於九二一地震時亦不幸罹難，兒子還小，根本不知道爸爸已經棄世，地震後，藍小弟成了無人照顧的孤兒，幸好遇到一位非常有愛心的陳揚威老師（眞名）照料他的生活，讓他住在萬大國小的宿舍裡。經過了九二一的傷痛，他驚慌的心靈尚未撫平，母親已經仙去，現在又得面對父親殂逝的現實，小小心靈充滿迷惑與不解。

我們得到藍小弟的授權，又匆匆趕回台北，向殯儀館的執事人員說明，已經得到藍明元家屬授權，希望能夠爲藍明元進行安喪以及入殮的儀式。

其實，我們好友間一直有個小團體定期捐獻，名爲「善願小隊」，是以平民安葬爲主的小基金。善願小隊的成員依自己的經濟能力，捐出善款，集中一處，定期的選擇不同殯儀館中無名的往生者，捐出安葬費用，希望他們在人生的最後一程尊嚴的離去，到他們想去的地方。

但是，直至與殯儀館的執事人員接觸之後，才知道要處理藍明元的入殮事宜，並沒有想像中單純。首先必須清償他這四、五年來的冰櫃費、安放費與其他相關費用，算下來大約將近四、五十萬元左右，如果再加上棺木、骨灰罈、靈骨塔、簡單的超渡儀式，行禮如儀地送他好走，善願小隊的捐款絕對是不夠的。

這時候，才感覺出我們太低估了這個夢境，而我也開始心焦了。

好在殯儀館的工作同仁很幫忙，他們知道善願小隊的一股熱心腸，教導我們應當如何寫公文以及陳情書到縣政府，申請同意減免藍明元的冰櫃費等費用，讓善願小隊代為處理他的遺體、進行入殮事宜等等。

縣政府從善如流地答應了，不過回文時表示，希望在接獲公文的七天內，領出藍明元的遺體空出冰櫃，給「一櫃難求」的其他往生者。七天其實是極短暫的時間。

這七天我與先生，眞是如跑馬燈般忙碌著，先生請假驅車到南投山上接藍小弟到台北，暫住在我家中；我則除了教課之外，忙著與殯葬業者聯絡，到北縣市近郊去看靈骨塔以及選棺木、骨灰罈等，但再將這些費用核算下來，善願小隊的捐款還是不足以因應。

正在心急時刻，沒想到所有問題卻在一夕中迎刃而解。首先是善心的殯葬業者捐贈許多喪葬費用，包括儀式中有關靈堂布置、租金、法師以及樂隊、供品等所有的開銷；而最難解決的靈骨塔，則是台中縣一位善心人士捐贈位於金山鄉一座好山好水的塔位。他們的善行，讓藍明元先生的喪禮，終於在七天後如期進行。

藍明元出殯的那天，選擇的時間為早上八點到九點，那一天我有課無法參加告別式，先生特別向學校請假帶著藍小弟一早到北縣殯儀館。因爲擔心先生一個人在靈堂中忙不過來，善願小隊另一位在天母任教的林念恩老師（眞名）對我說，當天她可以到現場幫忙。

這是一場簡單又隆重的告別式，時間選擇如此之早的原因在於，這一個時間才能夠「喬」到場地（我們是在一個星期內完成所有的殯葬事宜，時間非常地趕）。由於喪禮的時間很早，遠住天母的林老師，一早七點鐘就從家裡開車出來，當然這是她第一次開車到台北縣的殯儀館。

前一天她自網路下載了簡單的地圖，知道必須從堤外便道驅車過大漢橋，下橋左轉之後直走，就可以看到台北縣的殯儀館。

不過總是第一次獨自開這一條不熟悉的堤外便道，林老師一路按照地圖疾行，但是開了將近一個小時，就是不見大漢橋。她心頭有點慌了，因爲喪禮的儀式必然是準時開始，已經臨近八點，她還在堤外便道上，而奇怪的是，一路開下來，就只有她這一輛車。

林老師眞的緊張了起來，正想拿手機打電話問我，一轉頭，發現有位早起做運動的路人，「輕盈輕快」的行走在堤道上，林老師在車上，就能感覺得到這位路人的愉悅。

林老師停下車，搖下車窗詢問道，大漢橋以及台北縣的殯儀館在哪裡。路人非常和善的說，我就住那附近，我可以帶妳去啊！林老師連忙開車門讓他進來，渾然沒有想到陌生人上車的安全問題。而奇怪的是，雖然是陌生人上車，她似乎也感染到了他的愉快，心情一下子放鬆許多。

兩人在車上聊了一些話，路人詢問林老師這麼早到殯儀館是否參加告別式，林老師簡單的說出善願小隊做的事情，不消一、兩分鐘，已經看見大漢橋，下橋之後，路人指路道，現在往前直走，馬上可以到了。

林老師終於準時抵達殯儀館，急急進入，法師這時正準備帶大家到停屍間領遺體。一般來說，停屍間是讓人不寒而慄的地方，那一天林老師卻覺得領出遺體時，有著雀躍的感覺。這時，藍小弟已經披麻戴孝捧起爸爸的遺照。

除了先生、法師、殯葬業者加起來共五個人以外，善願小隊的其他人，並沒有見過藍先生的遺容。林老師這時才從相框中看見他，與眼下的遺體一對應，驚異與感動得眼淚都要流下來，原來剛才爲她領路的就是藍明元，她看見藍明元的遺照投來欣慰的笑容。

一切莊嚴肅穆，行禮如儀，火化以後，先生帶著藍明元先生遺骨以及藍小弟，直奔金山鄉的靈骨塔安放。林老師心中默念，希望他在天上安息，感謝他來告訴善願小隊的朋友，因爲大家一起爲他做的，他全知道。

年輕時刻，從不相信幽遐天地的靈、鬼、神、佛，或是上帝、天主之說，尤其在上大學之後，一份知識分子理性的驕傲，讓我更恪守「子不語：怪、力、亂、神」以及「敬鬼神而遠之」的儒家信念。記得在大學一次生日聚會上，收到一位同學給我的禮物，打開一看，居然是銅刷一把，可以想見我年輕時的「鐵齒」是如何的知名。

然而，今日我卻願意以謙卑之心，書寫半世紀歲月的轉折起伏，以及我如何接受上天所賦予的使命，以容世、入世、敬世的心情，實踐生命的最大價值。

回首省思，感激天地獨鍾的恩典，讓我有機會爲宇宙生靈棉盡心力，給予見證。而書中所載，就是我一路行來的生命軌跡與善惡終有報的眞實事例，藍明元只是我所接觸的其中一位而已。

（僅以此文感謝當時捐贈靈骨塔、殯葬儀式的善心業者與北縣殯儀館同仁，同時感謝一群默默耕耘的教師，以及所有善知士。）

第一篇

一個平凡女子的奇異覺醒

第一章　關於我，流水歲月說從頭

小時候每當黃昏時刻，我常會趴在家中二樓的窗檯上，俯首往下望。這是一個鬧市的街景，小吃的攤販已經逐漸集中，在廟門口三三兩兩匯聚起來。這座清朝的廟宇建基百餘年，巍峨精緻，器宇軒昂，在廟側青龍的屋簷下，有一個邊門，向晚時刻，天光尚青，廟邊門總會依時的打開。

這時刻邊門旁已經聚集了人潮，大家都非常有次序的排成一列，每人手中有個碗，廟內住持則如常地出來施食。我總是要看到大家手中的碗都添滿了，才會罷休。

有時，暈黃的天光黯淡下來，媽媽爲了催我吃飯，總是不停地喚著：「快來吃飯，妳到底在看什麼？」我會回首對媽媽說：「我在等他們吃完飯啊！」這時，媽媽會等得不耐煩來拉我的手，口中還咕念著：「現在大家都回家吃飯了，哪有什麼人，趕快乖乖來吃。」

這是五、六歲時的記憶。我生長在小康家庭，是家中疼愛的小女兒，喜歡畫畫，所以爸媽從小就讓我塗鴉，我喜歡具有生命力的燦爛色彩，每張畫紙都是想像中的天上人間，繽紛瑰麗。

爸爸一有空，會帶我到街上的戲院看歌仔戲、布袋戲。那是上一世紀六〇年代的歲月，舞台上的戲曲人生唱完半場，需要休息，觀衆席的我們也會口渴，所以在戲院入門口有個大茶桶，燒茶的老伯伯會在中場休息前提著茶壺，穿過走道，將大茶桶注滿。

也是一個與爸爸到戲院欣賞歌仔戲的午後，中場休息時，老伯伯如常的提著水壺、穿過走道、注滿水桶。歌仔戲下半場快開始了，我對著爸爸說，我好渴，剛才老伯伯提著水壺來，我想去拿一杯水喝。爸爸滿眼狐疑地對我說：「今天沒有人燒水，因爲阿伯已經不在了，妳可能看錯了。」說完，舞台上熱熱鬧鬧地鑼鼓喧天，可是，我很想對爸爸說，我剛剛明明看見老伯伯提水過來啊……。

年幼，所以爸媽對我所說的事情沒有當眞，我也不會覺得異常，哥哥已經讀中學了，家中只有我一個小小孩，爸媽疼我，讓我盡興地塗鴉。直到我上了小學，一天早上起來準備去上學，樓下出租的店家大門還沒有打開，我突如其來地對媽媽說：「媽媽，樓下的娃娃跑出去了。」

其實那個清晨，樓下人家以及鄰居們，早已經沸沸揚揚地談論著。我家是舊式兩層樓的建築，樓下出租的那個小房間住著一對年輕夫妻，夫妻育有一個兩、三歲的女娃兒，那天初曉，小女孩睡在爸媽中間，因爲彈簧床太軟導致三邊的重量不平衡，她被壓在彈簧床中間的夾縫裡，發現時已傷重微息，正在醫院急救中。

我一直對媽媽說，娃娃跑出去了。媽媽訓斥我：「小孩子不懂事，不要亂說話。」過不久，已經有鄰居來通知，小女孩救不活，走了。媽媽有點錯愕，拉著我的手，細聲的叮嚀：「趕快去上學，不要再亂說了。」但對於我爲何會「看見」，並不多著墨。

我兀自懵懂，媽媽或許已略有所猜，隔不久，我們搬家了。新居毗鄰街市，更加的熱鬧。就學生涯順利的我擔任班長，幼年那「神來之筆」的經驗似乎沉寂了一長段時間，只不過生活中還是有些吉光片羽，會慧眼獨具的「看到」或福至心靈的「聽到」些事物。

偶爾，媽媽會差喚我到前幾條街上的雜貨店買東西，平時我會抄捷徑快去快回，但有時媽媽的菜下鍋了，著急的等著我的醬油，而我硬是繞遠路氣喘吁吁地跑回家，媽媽會奇怪地問著，爲什麼不走近路？

那一條捷徑緊鄰市場，小道旁經過一條蜿蜒的河流，一長段河曲恰與小道相行，所以走在路上，一目就可以看到蒼翠的河岸依偎著河床。

奇怪的是，每當我不肯抄近路走捷徑時，過一、兩天河曲就會漂來往生的屍身。慧黠的媽媽知道了，原來她的小女兒有著與一般人不一樣的靈機之處。媽媽一向不多言，事後總會買些銀紙，到河床膜拜焚燒。我會陪著媽媽去燒銀紙，望著那熊熊烈火、煙火迷濛後面的河水瀰潦，我尚蒙昧的心只知道，又有一個人不見了，但也總會純眞的和他（她）告別，祝福他們。

童年並沒有因爲這些事而染上陰霾，這跟雙親不喜叨叨絮絮說長道短的個性有關。所以我還是非常愜意的，並沒有因爲多看到或聽到什麼，而覺得與其他的同學有著不同；又因爲居住在鬧區街肆裡，左鄰右舍都是商家，反而是津津有味的享受童年生活。

獨有一件事，算是我與媽媽之間的默契，那是農曆新年的初九，這是開天門的大日子，家家戶戶守著時辰，等著天門一開，好拜拜放鞭炮。記得我常常對媽媽說，現在天門還沒有開，不要急著拜。媽媽也許是聽久了，之後在每一年拜天公的時候，都會問我，天門開了沒？當然媽媽一定是等我說，已經在開天門了，才會不慌不忙地焚香點燭，對天祝禱。

童年之我，雖有疑惑，卻無能探索，也許潛意識中還不斷地壓抑，因爲我一直記著媽媽的告誡，小孩子不要亂說。媽媽雖然略知一二，不過她是以傳統教育「無爲」的方式來觀看她的小女兒，「雖有靈犀而不聲張」成爲家中對待我的方式。於是，我就在這種既涵藏壓抑但又護衛十足的環境中成長。

然而，成長的歲月還是有衝擊的。

上國中之後，課業越來越緊，我的興趣多元，喜歡文學、藝術、繪畫，又崇尙理性，好博覽群書。而在讀書與課外的時刻，有一個好朋友江明琦（註：爲尊重書中所提之友人及往生者，本書除〈寫在篇首〉爲眞名之外，其餘所引均爲化名），我們常常一起做功課、讀書，甚而戶外的運動也是焦不離孟。

二年級的暑假一開始，我們兩個就玩得瘋了。爬山、游泳、打羽毛球，鎭日在外冶遊，直到返校日的前一天，明琦還邀我去游泳，我記得很清楚，那天是農曆七月十三日。「我們去游泳。」明琦興沖沖地跑到我家來。我對她說：「我不去啦！明天返校日，還有功課沒有做，這個暑假我們兩人一直玩，還玩得不夠累嗎？妳看妳，玩得臉都燒焦了。」我望著明琦，她的臉正映在我家衣櫥的鏡子上。

那一幕對話我一直記得，因爲我不斷地說，妳看妳，玩得臉都燒焦了，不要去吧！明琦還是興致高昂地要去游泳，我叮嚀她要早一點回家，明天還要到學校，不要睡過頭了。

隔天，我一進校門，彷彿聽得全校籠罩在一片嗡嗡嗯嗯的微聲翕內，那聲音就像空氣中有座嗶嗶啵啵的電波，微弱而集中，各個班級都在操場上一撮一撮一撮的交頭接耳。我快步地走到自己的班上，班上同學告訴我，江明琦沒有來，而且奇怪的是，學校有很多班級，幾乎每一班都有一、兩位同學沒有到校。

我開始忐忑不安。

三十餘年前，電訊設備沒有今日發達，學校的老師著急而焦慮，各班級只好草草進教室等消息。一段時間之後，只聽得老師們在走廊上急急奔跑、快步走告，原來有一輛滿載學生的公車在陽明山的山谷中翻車了，車上是我們學校各個年級趕赴參加返校日的同學。這一輛公車在山谷翻覆之後，迅即起火燃燒，車上的同學無一倖免，被無情的油火燒得焦黑，江明琦就在車上。

我在教室內坐在自己的座位上，驚愕、茫然、悲傷的淚水縱橫，江明琦昨日那張燒焦的臉在腦中顫動，我昨日見到的景象像一場「預知死亡紀事」（註：原爲電影名）的警告，而我卻無能阻止。

我是從這個時候開始確知自己與其他的同學不一樣，冥冥中似乎有一條絲線牽動著我的知覺與視覺，我會突如其來地碰觸到它。在那當刻，我感覺到自己心慟失措，不知如何面對。

我心中反覆思量，如果當時極力勸阻明琦不要去游泳，告訴她要早點休息、明日一定要早起、趕搭早班車，她或許就會躲過那班翻覆的公車，而逃過一劫。這是當下非常單純的懊惱與神傷的心情。年少的我，無法理解天地間的弔詭與奧祕，即令經過這一場死生橫禍的驚懼，對於自己爲何會有如此超越人類理性的「靈會覺知」，尙不明所以。

因爲如此，我更「自主」地壓抑著，有關與明琦之間的對話，我始終沒有對任何人提過，包括媽媽。

但我還是非常思念她的，明琦是我青少年時期的密友，我們一起讀書、一起織夢，有屬於大女孩般的知交情誼，所以在明琦逝世之後，我非常地想念她，心中常繫念著，她現在在哪裡？過得好不好？會不會想起我？爲什麼我從沒有夢過她？

我終於與明琦見面了，滄海幽茫，兩人終於在夢中相會，那是明琦往生半年之後。

明琦拉著我的手說要帶我去她住的地方看一看，我們進入一個大草原，藍天碧野，雲淡風清，一眼望去有許多質樸的小房子，每一座屋舍都有一條小徑通往草原中央的黃石路。明琦一路輕盈的走著，我跟在她的腳後，欣賞沿路清寧的環境。

我們走到眼前的草徑，小路盡頭就是她的新家，明琦打開門輕快的跳進去，我也跟著進入。眞是窗明几淨，一室、一床、一桌、一椅，眼眺是屋外的晴天綠草，感覺得出悠閒與愜意。我問她說，現在過得好嗎？明琦說：「我很自在、快活，住在這裡都不用讀書了，好輕鬆喔！」聽她這麼說，我也替她感到開心，不過奇怪的是，如此風光明媚的地方，為什麼一反常態地沒有太陽？我心中嘀咕著。

兩位知友互道離後情境，悠悠一夢。

巧合的是，隔日我遇見了明琦的媽媽。江媽媽自從明琦往生之後，就把我當做是她的女兒，我也以乾媽稱呼，希望能因此消解她喪女之痛。

那天我對乾媽說，我夢到明琦，她現在很好，不用擔心。在台灣的習俗中未出嫁的女兒，神主牌不能迎入家中祭拜，這是乾媽說的。乾媽聽得我說明琦現在很好，也是滿心欣慰，告訴我說，都半年了，現在才真正的放心。

再一次見到明琦，當然也是在夢中，卻是我高中時刻大專聯考的前夕。

我是戰後新生代嬰兒潮的一個小泡沫，我記得當年考大學的錄取率約只有百分之十左右，所以高三的時刻眞是三更燈火五更雞，忙碌不堪。當我夢見明琦的時候，只見她愁眉苦臉，對我說，她現在住得不舒服極了，外面雖然沒有下雨，但是她的屋子漏水，讓她的手腳都浮腫起來。我焦急地問著，我要怎麼幫妳呢？她說：「妳趕快告訴我媽媽。」

第二天我心急如焚，因為現在功課那麼忙，那時乾媽家還沒有電話，不知道怎麼抽時間對乾媽說。媽媽是拂曉就到市場趕早市的，我正要出去搭公車上學，媽媽方進門，見到我劈頭就說：「剛剛見到妳乾媽，她說要帶些東西來給妳吃。」

我急忙把明琦家中漏水的事情對媽媽說，再三拜託媽媽，一定要告訴乾媽。

那是我高三準備大專聯考的前夕，我與所有的考生一樣，是兵荒馬亂的準備上戰場，正在做最後的衝刺，所以乾媽並沒有問我爲何會知道明琦的狀況。但她卻親自到明琦的墓地一趟，發現明琦的墓碑與墓穴之間有一道長長的裂縫，山水順著裂口滲進去，積水的情形非常嚴重；原來明琦的家眞的漏水了。當然乾媽是馬上請風水師看日子，重新修繕了明琦的墓地。

之後，我上了大學。微微記得明琦對我說，她的「里長」介紹了一個「工作」給她。從此以後我不再夢見明琦。

第二章　一段往日的情傷

雖然家住在台北市區，不過剛當上大學新鮮人的第一個學期，我還是央求媽媽讓我住學校宿舍。女孩長大了，就迫不及待地要飛出巢穴，媽媽雖然萬般不願意的念著，還是讓我住到學校。

學校宿舍一間住四位學生，新生大都住在一起，我們幾個花季般的年歲，第一次離家，住宿在外成為新奇的經驗，所以是興奮高過膽怯，有時候已經熄燈了，還是嘰嘰喳喳不休。

同寢室的一位室友讀音樂系，她繪聲繪影地說出小道消息：學校練琴的地方鬧鬼等等，我雖有獨特的經驗，其實膽子極小，所以每當有人說起，常常是蒙起耳朵，不敢聽任何字眼。

一夜，因為我在白日參加社團活動，非常睏倦，回到宿舍後呼嚕朦朧地就睡下，當時寢室的室友們還沒有回來。夜半想起身到廁所去，看見臨床的室友坐在床沿，梳起那頭美麗的長髮，她一向是室友中最愛美的。我正想笑她，一想不對啊！現在已是深夜，她幹嘛梳頭？這時再定睛一看，長髮女子不見了，所有的室友均在夢鄉。

我嚇得不敢說一句話，也不敢起來上廁所，就這麼憋了一夜。隔日，馬上「打道回府」對媽媽說，我要搬回家住。

這似乎是大家耳熟能詳的電影情節，今日回溯，心情早已不同，因爲我已經瞭解到爲何會自小便與幽冥世界相應的原因，既是天賦也是使命。但是當日，在極端害怕的心情下，一直強迫自己相信是因爲膽子小，這場「惡夢」觸動我回到溫暖的家。大學四年，我乖乖地做了通勤族，再也不敢「笨鳥先飛」了。

我們這一群好不容易擠上大學窄門的天之驕子，恣意盡情地享受著大學的花樣年華。班上流行配對的遊戲，我又喜歡爲配對的人打分數，看看他們相合的程度，就這樣玩將起來。我既不懂八字、生肖，更不知道什麼方位、風水等，然而奇怪的是，只要是我分數打得高的，他們一定是成功配對的；反之，分數低的就自然會分手。

所以，每一次同學希望瞭解誰與誰將成對成雙，就來找我評分，有時當事人還會包個小紅包犒賞我這個「喜娘」。其實當時我所打的分數，都是憑直覺，沒有透過任何媒介，例如八字、紫微等。如果今天問我爲何能夠如此神準，我只能說，我原本就有一個絕佳的管道，這是上蒼的禮物。

雖然自己如同喜娘一般可以爲同學撮合配對，不過大學時代的我卻經歷過情傷，這份記憶傷懷也與我的天賦稟性有關。

我的文筆不弱，從高中開始就常爲同學代筆「交筆友」，這是我們那個閉塞年代兩性初次交往，一個非常流行的方式。我與健毅的認識也因爲筆談開始，當時我是爲一位高中同學捉刀，沒想到卻成爲健毅的女朋友，不過我的同學並不以爲意，兩人的友誼還延續迄今。

那是我大二的時光，這一年是我與健毅最快樂的初戀。他是明星學府的風雲人物，又有摩托車，下課時會接我回家，我們一起讀書、看畫展、欣賞電影、聽古典音樂。健毅爲人耿直，雖然脾氣有些衝動，但卻是一個善良的人。許多假日兩人在大自然旖麗的風光中，留下又眞又美的回憶。

大三時刻，健毅家中遭逢變故，父親外遇，導致母親含怨離婚，一個平順的家庭變得七零八落。他自幼沒有經歷過挫折，一向順遂如意，對父親至爲敬愛，父親不忠貞的行爲，讓他難以釋懷。經過了這場磨難，健毅性格變得浮躁不安，他開始抽煙、喝酒、逃課，出現了憤世嫉俗的偏差行爲，這是乖乖牌的我無法理解的。

我逐漸與健毅疏遠了，而他或許是因爲家庭變故（在當年傳統的歲月，離婚是一樁不光采的事情），也不敢再來找我，我們兩人很自然地漸行漸遠。

年輕的我涉世不深，雖知道健毅是因爲雙親離異而性格躁動，卻無能從旁協助勸慰，何況當時我對自己編織的夢想爲畢業後出國繼續讀書，腦海中有一連串未來的美夢，總覺得健毅因爲一件事就性情大變，而認爲他不是一個穩定、值得繼續交往的對象，所以就這麼地擦身而過。

說實話，在與健毅分手之後，我還是掛念著他，因爲我們曾擁有一段美麗純眞的情感。但是耳際聽來的卻是健毅更加囂張的行徑，他徹夜跳舞、瘋狂飆車，除了抽煙又喝酒消愁，功課自是一落千丈，已經到了三分之二要被退學的臨界點。這時又傳來健毅的一場意外。

一夜，健毅與新交往的女友到新竹參加舞會，耽夜狂歡，回台北時放速飆車。夜黑風高，視線不良，他又是拚了命似的飛車急馳，不幸發生了車禍，健毅斷腳、女友斷手，兩人送進醫院。

女友的家人非常不諒解，擔心女兒自此殘廢，所以要求健毅負責，將女兒娶進門。健毅雖性情剛烈，不過卻是一個負責任的人，他馬上答應，在傷勢未癒之前，與女友踏入禮堂。他拄著枴杖，新娘則是包裹著石膏，就這麼樣的完成了終身大事。

健毅在婚後就休學了，妻子亦隨即懷孕，他們一起住在妻子娘家唱片行的閣樓上。妻子娘家在昔日非常熱鬧的西門町開唱片行。

我有時會想起他，想著昔日相戀的時光，想著健毅對於我的離去一定無法諒解，想著他已經有自己的家庭，急躁的個性應該改一些，想著他將為人父，人生的路程已經大大不同；有時會想去看看他們的家，希望當面給予祝福；不過這些念頭都只在腦中打轉。

後來聽說健毅去當兵了，妻子即將臨盆，夫妻倆感情篤厚。我腦海中的思緒雖然一直迴盪著，但總覺得不應當去打擾他們。

這樣又過了一段時間。一天我從學校回家，公車非常擁擠，夏日天候長，下午五、六點鐘，天空依舊藍得靛青，我坐在公車的最後一排，與車中的沙丁魚一起擺盪在氣喘如牛的車程裡。車行經過忠烈祠，有一位軍人上車了。

這位軍人一路擠開人群走到後面的車廂，與我有三、四個人的距離，我無意一望，居然是健毅。健毅也看見了我，但是因為車內非常壅塞，他與我是側身接目。他看我的眼神是那麼的深沈，彷彿有千言萬語涵藏心中而承載不了，那眉頭鎖得深緊，是百感交集的滄桑痕跡。

終於見到了健毅，我眞想問他，你好嗎？你太太好嗎？孩子生下來了吧！但是車內的人實在太多，他又是側對著我，兩人難以交談。也許等車上的人較少以後，再與他聊聊吧，我心中想著。

我就這麼望著健毅，見他似乎強忍著心緒而咬牙切齒，額頭青筋浮露，抿著唇，口中頻頻呑氣，如此地欲言又止，那感覺讓人既焦躁復心急。車廂中不期而遇，早已人事全非，他那愁苦的表情更令我百轉千折，難以放下。

我們依舊沒能說上一句話，他轉過頭來深深望我一眼之後，健毅在上車第三站又擠出車廂，下車了。我在車煙灰揚的塵土中，見他踽踽而行，隔著車窗，我無法喚住他，車馳將我脫離了他的身影。

那一個星期，眞是輾轉難安，終於知道自己還是深深記掛他的，因爲我始終把他端在心上。在車上與他不期而遇，如此地讓我懸心，想著健毅欲言又止深鎖的眉頭，以及眼角抹來那道不盡的哀傷，雖然知道他對我始終無法諒解，但終於忍不住拿起電話，找到文輝。他是我與健毅共同的朋友，而且與健毅交好。我問他說，健毅最近好嗎？家裡是不是一切平安？

「妳問他幹嘛？」文輝的語氣有些驚疑。我說，只是關懷，想知道健毅的情況，孩子生了嗎?太太好嗎?「妳問這個做什麼?」文輝悻悻地回答。因爲幾天前碰見他,所以想跟他打個招呼。「妳在做夢嗎?健毅已經隔了!」文輝說。腦中嗡嗡作響,我有些昏糊,問著,我聽不懂,你說什麼?「健毅已經死了!」不可能!我在上個星期還看到他,我對著電話心急如焚。「別開玩笑,他走了將近兩個月。」文輝說,他去當兵,因公殉職,死得不明不白,孩子生下來沒多久,健毅就走了。

我的心如五雷轟擊,健毅眞的走了?……而那天,他還特別來見我一面,他那張揉著千萬言語的深潭眼神、那說不出話來欲言又止的怨嘆,是如斯蒼涼。原來如此,怪不得健毅的額頭青筋浮顯,擰得如此之緊。我雙眼含不住的淚水連串而下。

我單獨到健毅家中,見到他的太太,還有剛出生沒有多久即喪父的男嬰。我沒有多說什麼,在健毅的靈前上香,對他說,我來看他了,我也知道他念著我。與健毅的妻子在西門町悶熱的小閣樓中,淚眼相對,她訴說健毅生前對她的照顧,以及喜獲麟兒的快樂。但是健毅回到軍營之後,就沒有再回來。他的妻子告知我健毅往生的日子,算算,與健毅「不期而遇」的那一天,正是他身後的七七四十九天。

我有那「今朝酒醒何處?楊柳岸曉風殘月」、滄海桑田不堪回首的落寞與傷慟,紅著眼眶,腦中一片空茫茫的回到家中。

人生的瞬息怎能逆料？生命可以在指尖輕逝，一段情傷與一段記憶，當時的我只能體會出人生無常。

第三章　走出我最美滿的婚姻與家庭

學藝術的我，年輕時一心期待畢業之後能夠到歐洲繼續深造，所以在大二的時候就拿到駕照，想著未來能到西方文明搖籃的歐陸，除了讀書之外，長髮飄飄的我將如西方摩登女子一般，在課餘之暇，獨自駕著車暢遊歐洲。

這是花樣年華的浪漫未來，青春葳蕤的歲月，有詩、有夢、有陶醉一生的愛情，一向如天之驕女的我，身旁自不乏追求的人。

沒想到的是歐夢未圓，我即披上嫁紗。先生來自世家，英俊挺拔，在我畢業尚未踏入社會之際，就熱情的追求我，爸媽對於這麼一位多金而且風度翩翩的年輕人，當然是滿意得不得了。先生的雙親也對我疼愛異常，視我如掌上明珠，所以我在二十四歲時就嫁入令人生羨的夫家。

我是夫家捧在手掌心的媳婦，家裡有佣人，懷孕的時候因為得知是龍鳳胎，更成為全家人的寶貝，婆婆是一點家事也不讓我碰，一切都有佣人代勞。生下一對可愛秀麗的雙生兒女，讓夫家上下笑不攏嘴，馬上請來全職奶媽，二十四小時照料，丈夫也是呵護異常，我眞像是家裡的皇后，事事如意順心。

婚姻生活簡直是完美無缺。我能夠繼續繪畫，玩票似的教教學生，一雙兒女又是靈秀可人，在當年台灣社會經濟尚不十分發達時節，我那富家少奶奶的生活，不僅同學們稱羨，爸媽也欣慰著他們最珍愛的小女兒能夠嫁得這麼好，終身有靠。

不過，我這一場人人眼中如神仙眷侶的婚姻，卻是以離婚收場。我的前夫沒有外遇，寵我如昔，公婆妯娌個個疼我、我的一雙兒女可愛秀麗、我的生活寬裕無憂，而我卻選擇雙手空無一文的離家出走。

因此，雙親與兄長對我極不諒解。

當然此時此刻，已經瞭解自己的婚姻爲何會有這種意外結果的原因。不過在說及這一場短暫的婚姻生涯，有幾件事情是值得一提的，因爲我的生活一直處在一種抗衡式的拉扯之中，在白天的愉悅生活後，夜晚則跌入深深的恐懼與被追捕的不安夢境。

其實，在我對死生幽冥產生排拒的青少年時期，甚而更早的年紀，我時常做一個令自己恐懼的夢，夢境的過程千篇一律，不曾改變。

夢境開始於我一直死命的逃跑，這種逃跑是上天下地、奪命似的狂奔。我不斷在尋找躲藏的地方，身後追逐我的是一整隊黃衫軍，潛意識中知道黃衫軍正要捉拿我去銷案。爲了保命，我瘋狂逃遁，焦慮與恐懼兩相交逼，夢中的我只知道必須找到那片蒼翠的竹林，才能夠安全地藏匿起來，否則讓黃衫軍抓到了，一定是法網難逃。

每一次都是跑得身心俱疲、神情萎頓，然而越是焦急，就越找不到那一片菁茂碧綠的竹林，眼見黃衫軍已經逼在身後，再一箭步就會把我抓住，我張惶失措的逃命，突地一片綠葉灑在肩上，我已經逃進竹林了、安全了，正在驚喜當中，夢境悠然轉醒，卻早已汗身淋漓……。

這一場奪命狂奔的夢境，偶爾還會出現在今日夢中，現在我已經瞭解這是上蒼給我的警訊，表示我做得還不夠。夢境中那一群嚴肅威武的黃衫軍，應當是天上的護法，祂們追拿我的任務，正是要逼我前去覆命。在於我這個背負上蒼使命的凡夫俗子，只一昧的否定自我秉賦，享受老天爺賞賜的悠遊生活，忘卻了肩上的任務，如此年復一年。

直到結婚後，日子過得優哉遊哉。有一天夜裡，又進入一場奇怪的夢境。我走入一個「回」字型的大道場內（當時我並不知道這是道場），回字的中間是一座方形高壇，有一位得道高僧盤坐在壇上，高壇四周擠滿人潮，雖然人群雜沓，但井然有序。我從右方的入口進入，彷彿有一件要事已在出口處等待著我，出口與入口剛好是對角線，所以我必須排開眾人，走到對角的出口去。

回字的四周原本就充斥著人潮，一眼望去將近有五、六千人之譜，大家謹守分際星羅棋布，然而我硬是要擠過去，一心急著到達出口，這麼一來，把大家的次序搞亂了，也因為我的出現，讓大家擠成一堆。

我著實扭盡力氣，強力地擠入人潮，眾人原本專心聆聽壇上高僧的弘法說道，因為我的干擾讓大眾一陣騷動。但我就是拚命擠、拚命鑽，好不容易穿越人牆逐漸接近高壇，群眾已經按捺不住，群情激憤地圍將起來，緊握拳頭，想猛K我一頓，我嚇得躲在高壇下。

只聽得壇上高僧朗聲說著：「讓她過去，她有她的任務。」聲若洪鐘且無限威儀的一句話解了圍，我著實大大地鬆了口氣，終於可以安全的到達出口。出口處有另一位身著紫色長袍、長袍滾著褐色布邊的僧侶等著我，他的長衫下襬還抓著褶縫，這一身穿著是我從沒有看過的。「我等了妳好久，怎麼這麼慢？」他面容慈祥卻也有點兒不耐地說。我急著解釋，因為裡面的人太多，真的很難過來，而且裡面的人要打我，好在是坐在最上面的高僧幫忙，要不然還到不了……。

我說得上氣不接下氣，只見他對著我搖搖頭，有著孺子不可教也的神情，自言自語道：「還是不行，唉！算了，算了。」口中雖然這麼咕噥，依舊領我出去。出得道場，才發現眼前有六條「弓」字形的路徑，每一個路徑都有一條軟金繩隔開，在第一條路徑上有兩位梳著古髻的小童，狀極恭敬的守候著。

兩位小童旁有一隻七彩斑斕的大鳥，鳥身長有尺餘，羽彩斑斕奇妙，巨喙火紅，有如血色的紅珊瑚，頸部居然環戴著一圈約兩公分寬的金項圈，這隻大鵬眞是神態威武，氣象非凡。在夢境中，我彷若知道必須從第一條路徑橫越到第六條路徑，而兩位童子已經走在前面領路。終於走完了所有的路徑，景致豁然開朗，眼前是一片極其開闊的林地，藍天白雲，遠山近峰，一望無際。

紫衣長袍的老者對我說：「這隻鳥也要跟著妳去。」望著那神威的彩鳥，令人敬而生畏，我本能地說道，不要！不要！沒想到話才出口，那隻鳥毫不留情、迅如閃電地飛到我身旁，往我在臉側飛舞的手就是一啄，我痛得大叫一聲，眼淚奪眶而出，自床上驚醒。

奇怪的是，左手食指疼痛難當，扭開燈，搖醒先生，對他說剛才的夢境，更令人訝異的是，左手食指居然有一大塊紫紅的瘀血。我把食指給先生看，他則是睡眼惺忪的說：「一定是妳睡覺時不小心撞到的。」說完，倒頭又睡。我則愣愣地望著又痛又腫的食指，抹一抹眼角的淚滴，渾不知到底是怎麼一回事。我食指這塊斑紫的瘀血，足足等了一個星期，才慢慢散去。

做這夢不久，我即懷下雙生兒，當時在夢境中無解的，還是無解。那時，我正徜徉在即將當母親的喜悅，一場夢境當然無法改變自己，日常生活中的我只是順手拈來的雪泥鴻爪，偶爾會幫身旁的朋友一些忙。

一對寶貝兒女生下之後，就由奶媽帶著，他們是一對漂亮的嬰兒，人見人愛。滿月之後，雙生兒移到嬰兒房中，由奶媽日夜照顧，隔了一段時間，雙生兒在半夜時常哭鬧，搞得奶媽夜不安寧，疲倦異常。奇怪的是，我會不由自主脫口而出地抱怨說，爲什麼那些人老是半夜來跟他們玩，讓他們晚上都睡不安穩。

聽見我這麼埋怨著，奶媽說道：「乾脆帶他們倆去廟裡收收驚。」雖然我口中說雙生兒是因爲受到干擾才哭鬧不休，不過該如何解決，心中根本沒有譜，倒是奶媽建議我帶雙生兒去收驚的當夜，我又做了一個夢。

夢中見到一位白髮蒼蒼、慈容滿面的老人家，我一見到他，就喋喋不休地向他抱怨那些壞傢伙讓嬰兒睡不安穩。慈祥的老人家說，妳爲什麼不試試去跟他們疏通、疏通？妳自己可以替小孩收驚啊！說完，老人家馬上教我收驚的步驟。隔天早上起來，印象極端清晰，所以我就依照夢中的方法，挑定時間，自己爲雙生兒收起驚來。奇妙的是，這一對寶貝自此就夜夜安寧，不再夜啼。

夫家是個大家族，妯娌不乏嬰幼兒，帶小孩去收驚、拜關聖帝君，或是到教堂受洗，請牧師祝福的大有人在，只有我的雙生兒是自己收的驚。所以婆婆常常在親戚間炫耀說，我們家的大媳婦連收驚都自己來。當時，我受家族寵愛的情形，可以得見。

在夫家的日子舒適、富裕，一對寶貝是越大越惹人憐愛，兩人不再夜啼，所以養得粉琢白嫩，每回帶他們出門，總是贏來衆人的稱讚。回娘家時更是威風，爸媽疼愛得如同手掌心的肉，不捨得讓他們哭一聲。

有天夜裡，我又夢到那位老人家，不同以往的是，這次他一臉怒容，且非常不客氣的對我說：「妳眞是麻煩，妳的困難我都幫妳解決了，而且一直照顧妳，但是妳該做的事情卻不肯去做。」

到底什麼是我該做的事？我不是偶爾都會幫親朋好友釋疑解惑嗎？這困惑當下雖無解，然而我卻是在這場夢境之後，心境起了極大的轉折。

夫家在敦化南路的林蔭大道旁，那一年，我身無分文，毅然走出庭院大門，沒有對任何人說我將離家，而且心意堅決的要離婚。那一年，我爲何如此「詭」迷心竅（如此詭異的思索），還雙手空空的棄家出走，這一段過程不僅是夫家，連老母親都不能接受。

我走出花木扶疏的庭園，打開朱紅的大門，關上門，踏入車水馬龍的馬路上，頭也不回，我對自己說，我不要過這種生活，我要自己走出一條路。

這已經是二十多年前的舊事，我的雙生兒女已經長成，大學、研究所畢業，各自有不錯的職業。現在回顧昔年的決絕，說出來，恁誰也不會相信，只因爲我對當下的生活不滿意，似乎是在一夕之間開始討厭這種生活方式，而且心中有說不出的嫌惡、慌亂與心虛。

今日回思，我與前夫之間雖然不能說所有的思想均能契合，也不至於交惡到必須離婚的地步，何況夫家讓我過著寬裕無憂的日子，但我就是不順意、不滿意、不願意，而且以逃家、逃婚的方式，一刀鍘下我的人生。

那是一九八三年，身無分文的我必須到處打工以維持生活。從一九八三年到一九九〇年這多年間，我過得辛苦、顛躓，除了要維持自己的生活，還要向夫家爭取雙生兒女的扶養權。鍾愛我的父親也在這一段時間謝世，想當然耳，母親與兄長對我非常不諒解，甚至氣得不准我回娘家過年，更不用說給予任何支援。

往事栖栖，我的親友兄長都認爲我當年年輕不懂事，任性胡鬧。然而今日我已經心知肚明，這是老天痛下針砭的一次學習與懲罰，讓我嚐了多年的苦頭，在動盪生活中，磨掉了我的理性刺蝟，讓我一次又一次地接受魔考。

第四章　體會人生魔考劫

這是我離家的第一年冬天，那天早上因爲害怕驚動他人，所以手中只拿著一個小皮包，臨出門前對婆婆說，我要出去買菜。一襲家常的衣服，蕭瑟的冬意，身無分文，爲了不想讓家人找到我，我必須找一個地方躲藏起來，於是我就這麼單衣夾衫地住進一間頂樓加蓋的鐵皮屋。

沒有想到入夜如此凜冽，鐵皮屋中一頂舊式的木板床，沒有床墊、沒有被褥、沒有蔽寒的衣物，我就這麼孑然一身抖縮著過了一夜，那一夜徹骨顫慄，根本無法成眠。

世界上有像我這麼莽撞、沒有任何計畫就離家脫逃的人嗎？而我爲什麼要如此愚騃？難道事先完全沒有思慮到出外所須面對的生活景況？

細細回思二十年前，眞好似鏡花水月，如夢一場。夫家生活優渥，所以我在外教學的收入，都是自己跟會存起來，那幾年私下的積蓄算下來有四十多萬，這在當時是一筆大數字，幾乎可以買下一間小公寓。離家的前兩天，我打電話給會頭說要標下我跟的會。這一位會頭是我多年相當信賴的朋友。

「我的會已經倒了半年多了。」她的口氣輕鬆，渾然不當一回事。奇怪的是，爲什麼我不知道？而且還傻傻地交會錢？「對啊！就是妳一個人不知道，所以我才繼續收會錢。」天啊！這是什麼道理？她倒了我的錢，還如此振振有詞！

當然，多年後的今天已經聽到她被先生拋棄、被兒女嫌惡的下場（註：這位友人日後罹患精神疾病，時常因爲病發而在街道上裸體跳舞，令家人十分難堪與痛苦，這何嘗不是另一種禍及家人的懲罰？）但當下，我是空無一物，四十多萬救急的錢不見了，郵局中只有七、八千元，而我這雙腳已經決定踏出家門。我是一個只要決定了，就不會回頭的人，即使知道來日行路難，也不願意退縮。所以，就這麼兩袖輕盪盪的出來，茫然的不知如何是好。

其實，這才是上蒼予我磨難的開始。

夜不成眠，凍得四肢發麻，雙唇毫無血色，雖然才離家一天，又思念著雙生兒女，所以是淌了一夜的淚水。第二天早上，我步出租處，這是一家老舊醫院的後巷，選擇住這裡在於這一個地塊是夫家及娘家不會找到我的舊社區，他們不會想到一向是嬌滴滴的我，會住到如此簡陋的地方。

我在醫院後巷的廢棄物中，看見了一床被丟棄的舊被單、一張跛腳的小書桌。我把舊被單撿回鐵皮屋，把骯髒的書桌搬回頂樓。僵凍的雙手在冷沁的水中洗被單，足足晾了四、五天，才有一床破損的被單。而清洗過的那方書桌，墊著兩塊紅磚就搖搖晃晃地放在我的床沿旁，因為我可以把床沿當椅子，至少能夠佇著桌子坐下來。

被單沒有乾之前，我買了一堆報紙，鋪在床上、蓋在身上當做是夜間禦寒的床褥。白日時刻，雙手支著臉頰，垂淚淒泣，不是後悔無端逃家，而是愴傷於滿腔心緒投訴無人。

記得在鐵皮屋的第三天，我打了一通電話給媽媽，媽媽一聽是我的聲音，又是心急又是生氣地質問道：「妳到底跑到哪裡去了？放著兩個小孩不管，無聲無息地就不見人影，大家滿城找妳，妳發什麼小姐脾氣，趕快回去！」我對媽媽說，我已經出來了，就不會回去，我不要過那種生活，那不是我要的生命價值……。我還對媽媽說，出來時身上沒有錢，沒有帶衣服，現在很冷，想回娘家拿衣服。

「不准回來！回妳家去！」媽媽嚴峻地拒絕。她說，如果我回娘家，會讓婆家認為我靠著娘家耍賴張致，未來親家難以再相處，所以媽媽斷然地說不。媽媽知道，從小我不曾吃過什麼苦，以為這麼一來，我就會乖乖地回去；何況天氣這麼冷，我身上沒什麼錢，在耐不住寒的情況下，也得妥協回夫家。所以她也狠下心，厲聲回絕。

回到頂樓的鐵皮屋，獨自佇著桌子流淚。但是媽媽沒有想到，我寧可蓋一床被單，床板上鋪滿報紙，就是不會回去。我擦乾眼淚，在離家的一個星期以後，到郵局去領一點錢，買幾份報紙，決定找工作——而且這份工作是家人絕對想不到的。

我到保齡球館當計分小姐，我曾經幫餐廳洗過碗、在委託行當店員、在裝潢公司當工地助手，這些工作是從沒有過的經驗，所以只能短暫的打工。夜半的時候，以淚洗面，思念一對雙生兒女，希望趕快賺點錢，過一段時間把他們帶出來。

我終於有一件薄被，那也是撿回來的，因為沒有辦法拿去清洗，所以用一管吹風機，慢慢的吹這床發著霉的棉被，又擔心吹風機過熱，因此吹十分鐘休息五分鐘，吹十分鐘休息五分鐘……就這麼坐在床沿上，慢慢吹、慢慢吹，一絲絲霉味嗆得我猛打噴嚏，吹了一天，夜晚終於有一床破舊的薄衾，頂住了獨自的春寒。

媽媽已經跟婆婆聯絡說我曾經打過電話回家，婆婆雖然疼我，但卻是一位頗有個性的老人家，她也不相信我耐得住出外謀生的艱困，所以也對媽媽說，當個茶來伸手、飯來張口的少奶奶這麼久，哪能吃得了多少苦，讓她嚐嚐辛苦的滋味，還是會回來的。

但是，大家都看錯了！我就此斷了線，沒有再踏回去，身上的七、八千元以及零星的打工，讓我在兩個家族中消失了一年。那一年過得非常艱困，奇怪的是自己反而覺得踏實，而且在心海中，依稀有一縷澄澈般的清明，那是一種回歸生命眞況的感覺，我非常珍惜這種說不出的追尋。我告訴自己，再怎麼辛苦，也絕不會回到過去那種「渾渾噩噩」的日子。

夫家吃好、穿好、用好，但是我無法在那裡落實生命的終極關懷，總覺得心似迷失般的飄盪，不能安頓，這是我感覺渾噩、不滿意的原因。我需要瞭解生命的價值與意義，當我不顧一切追逐的時刻，我可以感受到生命成長的張力。當年也許沒有像今日那麼清晰於自我的尋覓，但是那種充塞於胸臆的熱力，卻將昔日之我，活剝生撕下來，讓我從雲端落下塵泥，眞摯地踏在生活的土地上。

我在最艱苦的時候，也是最無畏的時刻，那一段生涯有汗、有淚、有驚喜、有感恩，更多的是朋友對我的幫助，讓我體會到什麼是「眞心」。各種百味雜陳「發現」的滋味，就像是一團揉了五顏六色的捏麵人，和出了各種不同的形狀、不同的色彩，而雕塑出的浮世百態，讓我眞正嚐到了人間煙火的刻骨銘心。

我不能永遠躲藏起來、永遠避不見面，於是我與幾個同學聯絡，大家決定一起做一些事情。我們都是學藝術的，沈浸於西洋的文化以及接受西方的藝術訓練，然而對老祖宗的東西卻是陌生而不親近，我們決定去挖掘屬於中國文化的根苗。我們幾個人就這麼握緊了手，往不可知的未來開拓。

這一段時間我尚未體受自己心靈中尋求悲憫的牽動，然而對過去揮手絕塵而去的勇氣，讓我終於有機會活出自己。也因爲如此，我接觸到更多的人、更多的事件、更多的世界，方能在一次一次的學習與碰撞中，尋覓千百年來生命的迴旋流轉、必須承擔的使命。

我們幾個在上一世紀七〇年代，大陸未開放之前，足跡已經踏遍了江南秀麗、滇緬艱險、北地粗礪、兩河壯闊，那中華老祖宗的黃土地。我才離家一年，依舊沒有積蓄，但是幾個同學齊心合力，用最經濟的預算，買來最具價值的歷史文物。我們應當算是第一批台灣的年輕人深入神祕的中國大地，去尋覓祖先歷史遺跡的拓荒者。

我們創業了，過著有意義的新生活。我不再躲藏，坦然面對婆家與娘家，我去探望一雙子女，並對夫家說，我要獨立生活，而且會爭取子女的監護權。

這一兩年艱澀的生活讓我煥然一新，如蟬蛻般地素樸，我不再是錦衣玉食的少奶奶，甚至有一次到廣州，要進入當年的友誼商店（註：這是中國大陸尚未開放時，提供給外賓購買商品的商店），我走進去想逛一逛，才進入大門，上了樓梯沒幾步，就被身後的「同志」給叫住了：「誒！同志，這不是妳來的地方，我們這兒只招待外賓。」當時還沒有台胞證，我只是回頭笑一笑說，我就是您的外賓。那人見我的腔調、神態不同，雖仍有些許狐疑，但為了不敢得罪外賓，只能噤聲。我呢，心中卻暗自發笑，原來我的穿著也讓「大陸同胞」傻眼了。

創業維艱，不過只要想著能夠為沈寂了數百、甚或數千年的中華文物做一些傳承，胸中的熱力自然洋溢開來，尤其是能夠轉介到台灣，讓當時對中國大陸尚十分閉塞的年輕人，與我一樣能品味古老大地的芳澤、傳統文化的瀰披，與歷史歲月的痕跡，就讓我們的雙足充滿力量。

我們引進了音樂、書籍、文物、字畫、古玩、刺繡、璞玉、木雕、石刻，這些曾經參與中華歷史風塵的陳蹟古物。它們承載了流離歲月的悲、歡、離、合，它們也許完好無缺，也許略有瑕疵，依舊跟隨著歲月的風霜，出現在我們的展場裡。

過去的主人而今安在？今日之我，也只是它們的過客。當我依舊支著額獨對窗牖的夜晚，因著蒐集陳舊歲月的什物骨董，我的心神也隨之沈澱了許多，更能體會出古人「立德、立言、立功」的淵遠流長與裨益八方。我彷彿覺得自己踏對了地方，而能與擁有斑駁歷史的它們，有著密不可分、連結相依的情感。

日後，我方得知它們對我的意義，以及我為何會有這段生命轉場的原因。

其實這所有的過程均逃不出如來佛的手掌心，尤其是我「饑寒交迫」幾乎身無分文的那年冬天，除了背負「拋夫棄子」十字架的壓力，數年積蓄且在一夕之間化做泡影，前行茫茫又不願意後退，這段顛沛與其說是自討苦吃，莫若是老天有意的磨難。祂讓我墜入凡塵，在泥濘的塵世中打滾，瞭解普羅大衆爲求衣食溫飽的勞苦。老天悲憫，讓一個原本不識愁滋味的大小姐，餐風露宿地體驗生活的艱困。

我的第一堂課就是磨去驕氣。

這一段歷練也讓我南征北討地遊遍大江南北。第一次踏上書本內描繪的中國，與遙遠千古歲月對話，尤其是蒐集古物的悸動，我常想著，人有限的生命何曾眞正擁有過什麼？無論是一方印章、一塊玉石，或只是一軸絹畫，昔年的主人早已成爲過客，今日的收藏尚且無法蓋棺；那麼，是那些古物賦予人類生命？還是人類的擁有成就了它們？尤其是行路曾經叱咤風雲的古城巷道，過往的英雄豪傑早已是黃土一把，而當人不滿於現狀的生活（如我），所苦苦追求的價值又在哪裡？

流離歲月的第二堂課就是反省自我生命的價值是什麼。

這一段時間，鐵皮屋發生了兩件事，讓我決定搬離開。

居住頂樓的鐵皮屋隔出兩個房間，我分租其中一間，另一間的房客爲一對新婚夫婦。

有一天上午，隔鄰的年輕太太對我說，昨天是不是有一位長髮的紅衣女子來訪？因為她半夜起床上一號時（我們只有一間盥洗室），看見這位女子在我的門口徘徊。我沒有說什麼，怕嚇壞了鄰居，因為昨夜我工作得很累，睡得沉，而且沒有任何朋友知道我住在這裡，當然更不可能來找我。

聽她這麼說，我也非常害怕。我們居住的陋巷正對著醫院的後門，醫院是生離死別的地方，對曾經發生過許多奇奇怪怪事情的我來說，其實心中是相當膽怯的，不過這還不是我決定搬家的絕對原因。

那時刻，我照常在工作室工作，下班依時回家，有一次難得較晚回家，在踏入老舊巷道的剎那，突然聽得驚天震響的爆破聲，坐落醫院後門的鍋爐毫無預警地起火燃燒，鐵鑄的鍋爐有若軟錫般，隨著爆炸的壓力與沸騰的溫度，削成一片一片，往四方亂射出去，我的鐵皮屋正中下懷地丟下許多巨片。

才一瞬間，如墨的濃煙夾雜著熊熊烈火衝天狂冒，這景象把我都嚇傻了。當下，整個巷道如蜜蜂亂螿，有奔相走告的鄰居，有醫院倉皇逃出的病患，不消數分鐘，消防車尖銳的氣笛聲停在巷口，我被人潮擠出巷道，怔怔地望著我的鐵皮屋籠罩在墨黑的濃煙中，慶幸自己逃過了一劫。

火苗撲熄爾後，步上鐵皮屋，煙硝味四溢，屋內像是被黑墨水灑遍一般，全都蒙上深沈的黑色。獨立生活爾後好不容易建立的「家」，已經面目全非。

隔日我只好搬到工作室的倉庫住下，與斑駁歲月遺留下來的古物同眠。我的床就是一塊榻榻米，在滾滾紅塵宇宙歲月的洪流中，與千年的流光共處。和衣而眠的第一晚，才眞正地體會到「存在」的價値，也才領悟什麼是「一無所有」。

那時兀自無知，並沒有感謝上蒼助我又逃過一劫，只是以俗世堅定的意志告訴自己，出來就是要吃苦，一定要堅持下去。而每夜臥榻的夢裡，常見倉庫角落旁坐著一位微笑的老者。那般年少粗糙的心靈，哪知道原來上蒼一直在護衛著我、等待著我，希望我早日歸隊，實現應有的使命，執行交付的任務。

第五章　從六四到龐貝，行腳後坦然以對

很難書寫離家後的這個十年。十年可以讓一名小嬰兒成長成爲兒童，可以讓兒童成熟爲一位青春少年，也可以讓美麗的少婦邁入不惑的年歲。

這十年除了風霜備嘗之外，我堅持把小女兒帶出來攏在身邊，這個舉動讓我與夫家形同決裂。尤其是疼我的婆婆，幾乎是從倚門相盼到心灰意冷，當時，我的心腸何以如許堅硬，大概只有老天爺瞭解（註：我也是在這時結束婚姻狀態）。

將小女兒攏出，我承擔單親的角色，還必須精打細算工作室的業務，以及得空時出外教課，賺取更多收入。孩子跟我住在倉庫一段日子，這段時間，衣食與盥洗都不是很方便，雖然手頭尚不寬裕，我決定咬牙在市郊租了一間房子。租屋的地點離市區頗遠，女兒在工作室附近上幼稚園，母女倆就這麼每日進城、出城，往返市區與租屋處，舟車勞頓。

鄰居並不瞭解我的情況，難免投來憐憫的眼光，也許他們同情如我一般的年輕母親，

隻身帶女兒討生活。在往昔那封閉的社會，我們母女並非鄰里歡迎的對象，小女兒回家之後也沒有玩伴，她的寂寞寫在臉上。

我還記得有一次女兒對我說，媽媽，我很想念哥哥。我把她拉到客廳一方的鏡子面前，把她的頭髮往後一攏，說：「妳可以看鏡子啊！你們兩個長得一模一樣，想念哥哥時，看看鏡子吧！」其實故作輕鬆回答的我，心中也淌著淚，因爲我是母親啊！

當時對女兒有說不出的歉然，但我已經如同脫了弓的箭一般，將自己拔離了昔日的生活軌道，潛意識中只知道往前走，即令前路漫漫，腳步卻不容許停止蹉跎。

這十年也是我草莽奔騰的歲月，我的皮膚曬黑了，我的手掌更有力了，我的足跡深入古老的華夏大地，而我也感覺出黃土地上有股說不出暗潮洶湧的急躁躍動，正待剝繭而生。

我沒有逆料自己居然會關照到黃土高原這一樁驚天地、動鬼神的殺戮事件。

一九八九年五月底我人在北京，那一年天安門廣場前聚集著全中國數萬菁英的大學生，北京城沸沸揚揚，有來自全球的媒體，他們穿梭在這群倔強大孩子的人海內，把孩子們對自由、民主的狂熱，透過無遠弗屆的傳媒，散播到世界各個角落。

我湊巧住在長安大街較偏遠的旅館。在北京那幾天已感覺出山雨欲來風滿樓的蕭颯，雖是在燠熱的初夏，我的四肢卻冷得發凍。這趟北京之旅，原本是爲工作室蒐集一些當代畫家的作品回台，舉行個展（註：有關天安門事件始末，傳媒資訊極多，在此不加贅述），卻不想自己因緣際會，成為天安門人潮中除了學生、媒體外，另一個海峽對岸的旁觀者。

其實早在北京時，我的「接收器」已經很強烈的反應著，有大事即將發生了，我常覺得氣竭力虛、眼神渙散而心力無法集中，因此不敢久留地返回台灣。我是在六月二日抵達香港，當天黃昏兼程奔回台北的家門。坐在飛機上，我的心像是掛在水井上的「吊桶」，沈重且七上八下，心田下那深不可測的「沈墨」井水，如一潭無言的哀愁，推著我頻頻回首那一群在天安門外的大孩子。

我終於回家了，女兒有友人代為照顧，我不像往常一般，每次一回國就急著接女兒回來。那夜，我疲累至極，睡得全身發寒，灼熱的六月天，我的身軀卻在冷冽的冬季。

隔天正是六月三日，新聞媒體已經播出當天晚上，台北的中正紀念堂將有來自台灣各地的大學生、民眾、民運人士等，聲援對岸天安門學生運動的集會。我是個從不廁身政治的人，但那夜我居然出現在中正紀念堂的人海內，在那裡無言的靜坐守候。截至今日我還可以感受到那夜我四肢百骸如針氈刺骨的冰涼。

以後的事情我不必再詳述，六月四日北京的天安門成為殺戮戰場，在中正紀念堂前，國際媒體如CNN、NHK等，以及台灣的民眾於電視機前，也參與了這場血腥見證。

那一夜，於沸騰、驚慌、張惶人群中的我，木然的臉龐下如萬馬車裂。天啊！我在心中吶喊，老天在我的身上、靈上、魂上到底放下哪些奧祕的元素？讓我如此貼身地參與了天安門的屠殺風暴，眼見一群青春正盛的大孩子魂斷天安門，心如刀割，我不斷的祈求吶喊、強烈禱告，希望老天爺能以悲憫的心腸，接納這群熱血的魂魄，讓他們在天國安詳。

那一夜我無法流下一滴淚，因爲心中滴的血早已染紅我無解的疑惑，我開始省思，我到底能爲「祂們」或「他們」做些什麼？這是在人海浮沈這許多年之後，一次泣血錐心的體悟。

一九九三年，另一場驚異之旅，也由於這一趟旅程，讓我意識到不能再逃脫、排拒肩上有別於一般人的重責大任。

我一向喜歡獨自旅行，然這一趟義大利龐貝之旅卻是參加旅行團。一向意隨心轉，自在率性的自己，爲何有這種決定，到現在還不明就裡，我只能說，這是上蒼給我的最後一次機會，也是最後一次的叮嚀。如果當時無法及時面對，虛心接受，今日之我不但不能爲文撰述，說不定已經住進某一家療養中心了。

話說回來，行前非常的興奮，我對古老的義、羅文明一向非常景仰，大學畢業時還一心希望到歐洲留學，而龐貝古城的挖掘與重現，更能夠體現昔日的文化與生活，所以在出發前，我做了很多功課，行囊中也是荷包滿滿，準備在歐洲大大血拼一番。

我是一個人單身前往，之後我才知道，旅行團的領隊對於一個人，尤其是女子單獨的旅行非常小心，都會費心安排同住的人，以保障她的安全。飛行將近二十小時，第一站即是龐貝，到了龐貝之後，已經感覺不對勁，我難以形容那種感覺，是一種失神落魄、魂不守舍的慌然，而當地磁場之紊亂，也是自己從沒有過的經驗。

越接近龐貝，不安的心悸現象更加強烈。我從第一天到義大利就無法吃下任何東西，雖然饑腸轆轆，卻是食不下嚥，喉頭如刺在哽，胃腸翻攪欲嘔，走起路來輕飄無力，連同團的旅伴都感覺到我的不適。我們那一團有許多護士一起結伴旅行，還有幾對年輕的夫婦，其中一對夫妻紀維慶的家與我的住處非常近，我又與紀太太的姊姊同住一房，所以自然相熟。

紀維慶風趣有口才，又會爲人看手相，所以同團的護士們最喜歡與他閒聊，晚上回到旅館之後，還一大夥人到紀維慶夫妻房間裡廝鬧，大家都嘟嚷著要他爲她們算命。

那夜，我則如同身陷迷魂陣般的無力掙扎，頭痛如熾，身體似厲火炙燃，輾轉反側。

龐貝古城建於西元前七百年，離蘇維埃火山大約十公里，西元七十九年，蘇維埃火山爆發，全城盡歿於火山岩漿之下，無一人生還，直到西元十八世紀，方被挖掘出來。

經過兩百年來不斷的挖掘，龐貝古城已經大部分重現其原來的痕跡，而龐貝的遺址中有大約兩千人的受難形象，這些人在火山熔漿大量傾注之際，躲藏在建築物的空隙中，但是四周封死閩閉，根本無法逃生，就活活悶死在古城內。

行走在龐貝古城裡，我已經是舉步維艱，在斑駁蝕舊的石路上、在邱比特神廟的廳堂中、在斷簷殘壁的豪宅裡，那一份面對生命責難與歷史塵埃的創痛，難以言喻。我如中邪一般，三魂丟失、七魄掉落，茫茫然在龐貝古城中遊迤，直到黃昏又隨著旅伴回到飯店。

全團的人都知道我失常了，他們非常擔心我的狀況，因爲大家認爲我被「煞」到了。我好似知道、又好似不知道自己發生什麼事情，面對自己的軀殼，好像這副身軀並不屬於我。不能吃、不能睡已讓自己疲憊異常，但又清晰地知道身在何處，恍若倒轉到當年的影片重演一般，承受無名的恐懼與令人難以置信的痛苦。就這樣接連數日，我的雙頰凹陷、兩眼無神、神色昏然，而自己心中更是焦慮失措，想著，我回得去嗎？

同住的旅伴見我如此頹唐衰弱，也相當緊張，我倆的房間正在紀維慶夫妻的隔壁，隔牆傳來嘻嘻哈哈一屋子的人聲笑語，大概又是那群護士小姐央求著紀維慶算命吧！我頭脹愈烈，胃腸翻攪，一天吃不下任何東西，胸中依舊有說不出的煩鬱，一直乾嘔不已。

「我的妹夫住在隔壁，聽我妹妹說他能夠替人調氣，妳這麼不舒服，要不要過去讓我妹夫『打打』氣？」她非常好心的問著。我搖搖頭，滿不以爲然。不過那一天我的情況的確非常之糟，同房的旅伴也許害怕我會出事或有什麼意外，所以一再央求我到隔壁去看看。我想，有緣能夠同行出國，也不願意造成她的壓力，終於勉爲其難的應允。

紀維慶似乎已經在那等待我多時，紀太太是一位溫暖的小婦人，她爲我搬來椅子，讓我舒服的坐下。紀維慶則是一言不發的就將雙手按在我的天靈蓋上，一股熱流穿進四肢百骸，我則是軟趴趴地一動也不動。奇怪的是，過了半小時，居然感覺到肚子餓了，張開雙眼，紀維慶似乎正在收功理氣。

我非常地感激他，也因此日後我一直以師父相稱。原來，師父是位修行者，這一趟義國之旅冥冥中注定似乎有任務而去，日後師父沒再出過國，這一趟旅行是他唯一的一次，能不說其中自有上蒼的安排？在歐洲旅行的所有時光，師父一直注意著我的情況，而我也是狀況連連的需要他扶持相助。

隔日，我身體的情況較佳，但還是虛弱，一行人來到羅馬。這一次歐行我其實尙有其他的任務，我爲台灣某家電子媒體採訪當時駐義的商務代表，原本我已經與他約好在辦公室見面，但因爲體力才稍微恢復，依舊不濟，所以臨時改在飯店的大廳進行訪問。

採訪結束，送走了駐義代表，精力已然耗竭殆盡，急著回房間休息。我們的飯店只有三層樓的建築，我住在二樓樓梯口的轉角處沒有多遠，也牢記房號，奇怪的是，上上下下走了將近七、八回，就是找不到我的房門，而且只要是上了二樓，就在走廊中迷途似的打轉；也因為疲倦之故，我走得氣息吁吁，冷汗直冒，終於不得不來到櫃檯，詢問服務人員，我的房間怎麼走。

他非常不可置信的望著我，順手一指樓梯說，只要一上樓轉個彎就到了。我說，我知道，但是我已經走了將近七、八次，就是到不了，所以希望他為我帶路。他有著遇到東方來的鄉巴佬的眼神，不過還是禮貌的領我到房門口。

一開門，我全身就疲憊的往床上睡下，腦中吱唔亂響，一股惱人的電流貫穿耳際，震鼓如鳴。我告訴自己，無須再鐵齒或是否認，未知世界的奧祕原本就存在。我知道剛剛發生的叫做「鬼打牆」，而經過這一番折騰，我的體氣又往下消墜。

全團的成員都知道我撞到什麼東西了，因為我的失魂落魄，不只是精神的頹廢，還表現在旅行過程的瑣雜中。例如，明明下車時還拿著背包，怎麼一下子背包不見了，大家慌忙地為我找背包，結果還在車子上；要不就是要還給旅館的鑰鎖明明在口袋裡，就是找不著、掏不出來，又兵荒馬亂地找遍整個背包，結果旅伴還是在我的口袋內找了出來。狀況之多，連領隊都擔心我會隨時走失。

因爲精神差、也不想造成團友的困擾，最後幾天的行程以及女孩最喜歡的血拼，我都沒有參加，往往是把錢交代給要買東西的同伴，代爲採購，我則坐在車上等著大家回來。

師父竟然就這麼在車上一路照顧我。我的座位是遊覽車的第三排，他幾乎是最後一排，師父說，他不喜歡購物血拼，所以遇到全團傾巢下車時，他便會爲我灌氣、調氣，讓我的體力足以支撐到回台灣。師父此番會參加旅行團，原是爲我而來，這是事後回台灣，我才逐次領悟的。

回程的最後一天，我們來到了天主教的聖地阿西西。阿西西山城中的聖方濟大教堂爲中世紀的宏偉建築，整座山城環繞著蒼松翠柏，懷抱這座粉雅淡紅建築的大教堂。一行人來到春光明媚的山城，昂首所見就是青天碧空下莊嚴的聖堂，與松柏傳香的釉綠岡巒。

虛弱的身體隨著衆人進入聖堂，我突然有著回到家的感覺，好像這一座聖堂在山巔上已經等待了百年，期待我這失落的羊兒依依來歸，一霎時胸口脹熱，眼眶泛紅，我的心充塞著似曾相識的波動，忍不住在聖堂中跪下，淚眼婆娑的誠心祈禱。

一位台籍神父走到我的身旁，那深邃的眼睛定定的看著我，爾後微微一笑。我望著神父開口想說話，才一張口，心中卻篤定的認爲，神父應當瞭解。那午，即令體氣耗弱，依舊沈浸在聖堂的寧靜中、在數百年濕壁畫的懷抱凝視下，那唯美的一刻永難忘懷。

時至今日，我一直非常感激這位遠從台灣高雄來到義大利羅馬修道的邱神父，那時候，我是淚流滿面地陳述這幾日來身體的不舒適，以及魂飛魄散的茫然失落，邱神父耐心的聆聽，不斷地撫慰我，輕聲地爲我祈福，他教我全心放下，信賴天主，我的心也彷若在邱神父祥和的祈禱中，安寧釋然。

出得聖堂，我拿出美金壹百元放入捐獻箱（當時尚未發行歐元），同行的旅伴特別提醒我說：「妳拿的是美金壹佰元，有沒有弄錯？」我搖搖頭說，沒有。回首還是滿眼的碧綠青翠，空氣中傳來松柏淡雅的清香，我依戀不捨地下山。

是日，腳程兼併的趕往羅馬機場。我依舊血色蒼白，在人聲雜沓的機場大廳上，有氣無力的等著出關。失魂落魄倚在大廳圓柱上，心中默默祈求上蒼，讓我神魂歸位、平安無恙地回到台灣。師父在圓柱的另一方，雙手擺放在我的肩膀上，足足有四十分鐘之久，全團的人只見我的臉色漸次紅潤，而師父的臉色則轉爲襯白。感激師父，終於讓我安然上了飛機。

上了飛機的我依舊忐忑難安，經過了這長段時日的魔考責難，我第一次非常謙卑地向天地諸神祈求，向祂們說著，請讓我平安健康地回家，不要讓我的魂魄流落異鄉。

這一場祈禱眞像是匍匐討饒，我對著所有能夠懇求的諸神佛，無論是天主、聖母瑪利亞、釋迦牟尼佛、觀世音菩薩、地藏菩薩等，一一真誠祈乞。我說著，我知道了，您們要我做什麼事都可以，我不會再拒絕、不會再與您抗爭，讓我將特殊的能力無私地幫助他人，我請求天上眾神，再給我一次機會，讓我有機會真誠補過……。

我心中喃喃祈禱，直到無知覺的昏睡下去……。不知道睡了多久，當我再度醒來，全機的旅客均已經進入夢鄉，我看見機上電視螢幕寫著，飛機正在一萬六千英尺的高空，這時我卻突然聞到一縷清涼的香氣瀰漫在我的四周，那綿衍的淡香如同在阿西西聖堂的山上，是松柏葳翠的涓絲香味，聞之沁入心脾。我在萬里的高空之上，阿西西在千里的曠遐之外，居然聞到了聖方濟大教堂外滿山迴繞的香嵐，這如假包換的感覺，讓我的雙眼亮了起來。

我深深地吸入股股清甜的芬芳，一口一口地吞入五臟六腑，彷彿全身都在冰涼的泉水中洗滌了一遍，清爽的感覺直入心肺，突然間，我打了一個深嗝，又一個、再一個，奇妙的事發生了，通體的廢氣居然如硝末般一霎時煙消雲散。咦！我怎麼一下子爽氣起來！這十多天的昏滯、頹喪、不安，一掃而空。

緊接而來的感覺是饑腸轆轆，覺得好餓、好餓，呼叫空中小姐拿來一份餐點，吃下一整份，還覺得不夠，所以又要了一份，津津有味地一掃而空。我回來了，剛才那一番神奇的轉換，讓我的精、氣、神全數歸位，我的四肢輕盈、腦海清澈、胃口奇佳，我又回到精力旺盛的模樣，終於不得不承認這是一場天人交戰的大魔考。

也因此一九九三年之後的我，有很大的改變。自斯開始，我不再規避進入奧祕世界，也相信神妙空間的存在，更願意引渡這些善能量，幫助值得幫助的善知士。

其實在龐貝古城我已經知道，有一對母子一直跟著我，它們是龐貝災難發生後的「遊靈」，由於龐貝火山爆發得十分突然，因此整個龐貝城的上空形成龐大與混濁的「混亂磁場區」，這對母子因被吸附而停泊在此，無法回歸天上人間，它們很希望我能幫助它們早日渡脫苦海。

說起來這像通靈者的言語，過去自己也是一直排斥如江湖術士般的通靈者，認為這些人如郎中之流，總是以古老因果相報的理由，來行使不正當的行為。而理性之我，更不能接受神怪之說，即令生涯中已經有非常多的經驗、即令這些經驗如何衝撞我的情懷，但是我一向別過頭去，採取不理不睬的態度。

多年來我並沒有想到，這是上天給我的禮物，同時也賦予我使命，老天爺希望我能夠撫慰這些受傷的靈魂，導引它們回歸原鄉，回到悲憫天地的發源地，來清澈累世的污濁。也許這才是我來到人間世最重要的目的，我必須為無形的空間盡一份清理的任務。

回到台灣之後，我大病一場，並且開了刀。身旁有愛我、照顧我的伴侶的慰藉（註：離婚後，我將一雙兒女接出來，並已再婚），我何其有幸，容受社會上職業的尊榮、令人豔羨的生存技能、愛我的家人、足以深談的知交，而我又是如何的冥頑不靈，摒棄了與萬物同在的悲憫心腸，讓更多需要我幫助的它們，在幽幽天地間千古悲涼的遊蕩。

我是在一九九三年之後才心甘情願接受天賦的使命，爾後，與紀維慶師父之間的情誼，如同拉鍊一般，在許多事情上環環接節地因緣相扣。我像是一把鎖頭，隨著這條拉鍊驚異、無意地完成了許多救贖的任務，而於諸多的過程中，我方能深刻體會那些無助生靈在洪荒空間中，無依的淒涼。

我家中依舊沒有供奉任何佛像，我對紫微、鐵板等神算之說依舊一知半解，我也不會有神來之筆能判斷國家的運勢，或預言某人士會當上某官位等，我從來不公開告訴他人我有特殊的能力。現在與從前唯一的差別是，如果我接收到某些訊息，不但不再排斥與拒絕，並且會努力的排解與處理。我希望我能有天神那海量的心懷，融化這天地間的許多悲苦，幫助我有能力幫助的「善知士」（知道要行善的人）。

我變得更為知足，時常惕勵自己要虛懷若谷，也感激天神的厚愛，讓我有能力與機會去實踐任務，也才不虛此生。

第六章　瞭解我這一生的使命

龐貝行牽動了我的生命方向，其中最無意的是遇見了師父紀維慶，往後我一直尊之為師，因為如果沒有他從旁協助，我的魂魄也許早已掉落在異鄉而無法來歸。這是一點也不誇張的說法。

後來，紀師父亦告知，參加那次的旅程其實為一場訊息所指引，他知道此行在保護一位未曾謀面之人，所以旅程中，他就一直等待著。

所謂訊息的指引，的確是難以解釋的「靈會」，我只能說，每一位修行者接收訊息的管道不同，有人是靈光乍現般的豁然開朗，有人是循序漸進的逐次體驗，有人則是眼睛一亮畫面全開，因之訊息的傳達也因人而異。

我是一種心領神會的了悟，或是必要時眼前一閃，聲光影像全來，有時甚至不需要言語或是動作，即能夠覺察應當執行的細節；無論是在夢中，在行走之中，或是在時機成熟必須當刻執行的剎那。

我與師父就有一次共同的經驗，隨之拈來，無形中成就了一樁「蒙山施食」的超渡。

一九九四年，師父發生了一場死生離別的劇痛，失去師母的他決心剃度出家。師父走遁新竹山間一座古老的禪寺，喪妻的傷懷一直啃噬心胸，出家修行的師父時常主持蒙山施食的法會，布施予無量衆生，也希望藉此引渡乍然身亡的妻子，魂魄來歸。

蒙山施食爲佛教法會之一。宋朝一位不動法師，居住在四川的蒙山，他爲了普濟幽靈，蒐集瑜珈焰口及密宗諸部，輯成《蒙山施食》，成爲禪門日誦。

以佛法來說，蒙山施食爲發大慈悲心，藉著聽經、聞法、懺悔，使冥陽兩利，知而了悟。而禮佛拜懺，可使幽靈聞法受食，同時得到解脫。所以對於無主的往生者而言，蒙山施食爲一個重大的法會。

師母猝逝之後，師父哀傷出家，不忘每日以法會布施，遙思遊離魂魄回歸無上。

沒有接受過這種煎熬苦楚、沒有品嚐過如此餐風露宿，無法瞭解無了空間中空荒虛無、無依無望的荼毒。而我也是在接受使命爾後，在伸出援手的每一際會，逐次去體恤與著味的。

這一次我與朋友三人，結伴上山探望師父。我們坐在佛殿旁的偏堂問候寒暄，師父依舊是雙眼精燦，四個人坐在四方桌的各個位置，我剛好面向正殿的牆壁。正殿前是左青龍、右白虎的廊柱，正殿面向環翠青山，殿前寬廣的金廷闃無人影。夏日的傍晚，雖已是晚課時間，但是殿前金光輝映，正是太陽餘暉的彩暈，那不讓黑夜來臨的絢麗夕陽。

我應當看不見廊前右側的景象，因爲前面正殿的牆壁正好擋個正著。但是我卻不斷對師父說，前面有很多人在等著吃飯。那是另一個偏殿前的廊簷，供奉的恰是地藏菩薩。師父一聽，說著：「是不是地藏菩薩前的柱子旁？」我說，對啊！大家都在徘徊、等待。師父是看不見的，他說：「唉啊！這是我每天做蒙山施食的地方，今天晚了一點，怪不得大家都在等。來！妳幫我撞鐘，我們來開始法會。」

一句話，桌旁的四個人都站了起來。師父穿起袈裟，執起法器，法會開始……若人欲了知，三世一切佛，應觀法界性，一切惟心造……。

我隨著師父的經文，聽其令，撞鐘雷鳴，嘣——嘣——嘣！聞其聲，鐘靐音震！怎麼會是如此的音場遐遼？此時幕色山影隨之鬱深，那一聲聲的鐘響，傳盪山坳樹蔭，嘣——嘣——嘣！汝等有情眾，我今施予供，此食遍十方……。

師父洪亮的誦經聲，我那一撞擊、一撞震的鐘聲，似乎由山澗飛到天際，明冥鳴瞖，不絕於耳，眾山與我一起同聲呼應。那一場法會，我心騰飛，法喜充滿，隨鐘聲吟唱，碩音野大，無能止息。

也是當下之際，我突然十分清楚的知悉，原來我是地藏菩薩的使者，旋飛百世，來到人間，駐足在海峽一隅。我是人間與天道的渡輪，隨著一思維、一閉目、一入禪，爲遊離於八宇四方的無主遊靈，尋找落岸的港灣。當下更肯定因著無上的鍾愛，讓我能夠承載衆生無終的悲苦，帶領它們回到最初的無瑕與純潔。

那一天，我參與師父的法會，似乎是冥冥中的安排。我與師父的相遇，彷若一條拉鍊兩端無縫的接合，從義大利開始、從我心底的承諾開始、從師母的猝逝開始、從師父出家開始、從我上山叩訪開始……；這一群凋零的衆生，已經在此煎熬等待，等待一場超凡的擺渡。

那天，我文風不動、神態莊重、心緒沈靜、法喜盈胸。但是今日回首，卻是吁噓萬千。恆河塵沙，蟻蟻衆生何止於此？所以我亦相信，啣命而來的先知們也一直在世界的各個角落，他們以不同的碩貌、不同的身分，與生靈相應，而我只是其中一位微不足道的星子，然我已經定好位置，將一足一步、認眞踏實的實踐與生俱來的慧命，也毫不遲疑的一有機會便默默爲周圍的友人付出。

爾後，一連串不可思議的際遇，讓我更瞭解所應擔當的重責大任。

一九九七年，我到紐西蘭訪友，順道遊覽這南太平洋風景俊麗的島國，我的朋友領有紐西蘭導遊的證照，她們全家成爲我的最佳玩伴。

雖說，這是我第一次到紐西蘭，享受著南太平洋溫暖的友情、陽光與和緩的生命步調，但卻又似乎早已有人居間安排般，友人帶我到紐西蘭原住民毛利人原生地的島嶼遊覽，我們抵達島嶼十分鐘之後，島嶼的碼頭就關閉了，不知道這是怎麼一回事，朋友也是新移民，所以亦是一頭霧水。

接著就是交通管制，一船軍艦緩緩駛進碼頭，整齊劃一的軍人以及一位看似將軍的長官在前昂首，向天空行注目禮。奇怪的是，那天遊客極少，我們非常好奇的隨著行走的軍隊前行，他們星羅棋列的在一座原住民風格的聖堂前站立，聖堂後是一座遼闊的墓園。

那天雖然不明所以，只聽得軍號聲莊嚴、哀傷，行列如棋的軍隊靜默無聲，他們全數昂頭以敬仰的形式，整齊地行禮。我與友人坐在聖堂前，也領受到這一份嚴肅與靜穆。

聖堂後的墓園也許就是軍人們的墓塚吧！我無暇多思，心中祝禱，希望這些無論以何種原因喪生的戰士們安息。天地悠悠，時光無法倒流，我唯一能做的就是祈求它們忘卻肉身殞滅的苦痛，回歸永恆天鄉。

回到台灣之後，朋友方傳來訊息，原來當日爲紀念紐西蘭以及澳洲，在一次世界大戰時所組成的紐澳軍團，參與戰爭爲國捐軀的兵士軍官，英文名稱爲ＡＺＮＡＣ。每一年紐西蘭以及澳洲均會在這一天舉行大規模的遊行，並到死難將士們的墓園演奏軍樂、吹軍號等，來表達哀思與感恩，因爲是這些戰士們的血換來家鄉的和平，所以是一個莊嚴與肅穆的活動。

一場休閒旅行，讓我無意間參與了ＡＺＮＡＣ的紀念儀式，回頭省思，此行是否也有上蒼安排的巧意？

爾後，我所面對大災難似的死亡場面，均不在自己的意料之中……。

二〇〇二年五月十日，我與學生的年度展覽結束後，計畫到大陸一遊，這一次的旅遊已經計畫許久。每一年我爲學生所舉行的展出完畢之後，還有許多瑣事待辦，例如影帶剪輯、相片發送、收支結帳等細索，所以原先的構想爲二十八日成行，途經香港再到大陸。

行腳大陸已如識途老馬，我喜歡中國的古玩、玉件、字畫、陶瓷等，所以每年都有收藏的計畫。早在未開放之前，匹馬單槍的足跡已經踏遍滇南、北京、廣東、福建、上海、蘇杭等地；因爲喜歡古物，所以也結識了不少雅士玩家。此行，是旅遊也有尋寶的心情，早在展覽前，就與旅行社聯絡機票事宜。

奇怪的是，這一次訂機位的過程極爲不順。原先是二十八日的飛機，隔幾日又改成二十日，二十日正是展覽後續工作的收尾階段，當然無法成行。之後又快速改成二十六日，結果我在行前三天被確定爲二十五日，飛機起飛的時間是下午四點三十分。

時間如此倉促，我快馬加鞭的把該處理完的工作結束，又急著挪開課程，當日早上準備行李，中午匆匆一頓簡餐，先生那天特別請幾個小時的假，送我到機場。我們到機場的時間爲三點十分。

一進機場，我隨即對他說，不對，不對了！機場不對了！「妳說什麼？」先生被我搞得糊里糊塗。我說，不對勁，有事發生了。他一聽也緊張起來，因爲跟我相處這麼久，早已知道我與旁人不同的地方。「如果這麼不對勁，就不要去了。」他有著擔憂。雖然心頭覺得很不舒服，我依舊說著，不是我的事，而且我還是得去。

先生送我出關，我知道他的掛慮，所以對他說著，到香港之後，馬上打電話給他。隨著雜沓的人潮走入候機室，眞是人聲鼎沸，紛亂紊擾，這一班到香港的飛機也是滿載，我閉上眼睛，希望安一下心神，排除這不舒服的感覺，就這樣過了約半小時。

飛機順利起飛，才不多久，我瞬間張開雙眼，心中驀閃，大事不妙了，原來此際正在澎湖的上空。一霎時感覺自己的軀殼如同縮小到十分之一，眼前是滿目紗蒙的景象，每個人如同被漂洗過久的相片一樣，顏色都打淡了，但是十分的清晰，一股股白霧般的靈體全部穿升入這龐大如薄霧蒼穹的機身，這時候在機艙內的是一縷縷哀號、尖叫的魂魄，它們陳疊在機上如十分之一實體的乘客上。

我的天啊！出事了！一架飛機在澎湖上空出事了！在眼前閃動影像的同時、在心中覺知事件的瞬間，我已經驚嚇莫名，各種不同的感應同時撞擊胸腔，因爲只有我瞭解它們的惶恐、驚懼、無助、嘶喊。我對它們說，不要害怕，我知道了，我來幫助你們。

顧不得心神俱痛，眼淚盈眶，我爲他們渡脫，一個又一個，一次又一次，我心如刀割，淚如斷線，一聲聲哀嚎在眼前耳際悲鳴，白堊飛撞、揉擰如殘絲、分崩離析的幽靈追尋與哭叫，我一直爲它們默念懇請，願天上眾神接引、願頓失軀殼的魂魄安息，我無法間斷對天神的祈求，因爲眼前還有縷縷孤魂的哀求與呼喊，我的眼淚也無法止息，因爲我品嚐了它們無以言喻亙古的淒涼與悲慟。

天啊！我的眼淚哪能停止？我的心腸斷如殘絲，驚嚇的它們徬徨無依，無所遁逃於天地之間，剎那間的死亡，讓它們在遼敻黑沈的海中無能尋獲，無所歸依，而它們的軀體卻已在電光火石中殲滅不堪。事實上，當時這一切只有我獨自知曉而承擔著，其他乘客仍一無所知、自在愉悅地等待飛機抵港的時間。

終於飛機到達了。

我哭著下飛機，機上的乘客以怪異的眼光看著我，我還是如喪考妣的哭著，海關也用懷疑的表情看著我，出關之後，紅著雙眼望著牆上的電視，播報新聞說有一架飛機失蹤了，我依舊哭著上了計程車，直奔飯店。

進得房間，盤坐在床上，雙眼已經哭得腫如核桃，驚懼、哀求的聲音仍不止息，雖然有限的胸臆無法承載所有的愴痛，但我還是一一爲其超渡，願它們寧靜、安息、無懼。

我坐在床上不知多久，又餓、又累、又虛、又睏，我知道已經力盡了，重重的喘著氣息，打開電視，畫面上播出華航的飛機於澎湖失事，機上兩百多名乘客全數遇難，而華航已經著手安排家屬以及法師、牧師們到失事的現場招魂。

我氣喘噓咻地對它們說著，我已經力盡了，現在有許多高僧大德會去引領你們，你們就跟他們去吧！一串淚這才漸漸收住。

這即是二〇〇二年五月二十五日華航的澎湖大空難，我是乘坐下一班華航飛機到達香港的。我在澎湖上空已經知道華航出事了，我還保留著當天的登機證。而我是陰錯陽差地搭上這班飛機？或是天地衆神的安排？我並不知道，也不去解答。

五月二十五日的夜間九點多，我才和家人聯絡道平安，那一天我滴米未沾，累極了，也傷心極了，就昏糊的在床上睡下。臨睡前，腦門卻靈光乍現的了悟，原來我的任務就是這種不可測知的大災難，在接二連三的不期而遇之後，我徹底參悟到這一點。

回思這幾年不再排拒之後所經歷無能預料的事件，以及所有發生過的事情，在深刻體會往生者的無助與驚慌之際，更知道肩膀上的重任。我相信每一個人來到塵世都有他的價值，每個人身上容有一生的功課與任務，我的使命是爲往生者撫平死亡的哀傷，幫助它們脫離死亡經驗的荼毒，爲它們找到生命的原鄉。

人生在世，有富貴、賢愚、智、不肖，有成功、失敗，有得意、失意；地球上的「居民」每一個人際遇不同、人種不同、性別不同、國家不同，我們都是活在「生而不平等」的當下，所以悲、歡、離、合各有歷程與滋味。但無論如何過這一生，每個人均要面對死亡，這個關卡，卻是人人「死而平等」，誰也逃不過。

死亡之後，我們的身軀與萬物同朽，塵歸塵，土歸土，然每個人死亡之後的生靈境界卻有極大的差異。對於不相信生命終須面對審判的人來說，死亡唯代表著生命的終止；而對於瞭解生命的終點並非死亡的人來說，每個生靈於通過最公平的死亡爾後，生靈永恆的境界才開始。這個價值判斷展現在每個人的累世所爲，強迫不得。

悲憫上帝的兒女，希望每一個人都能瞭解到這一點，對生涯方向的所作所爲提早認知、體行。

第七章　一場認證之旅

記得在年輕的時候，存在主義正盛行，少不更事的自己也跟著流行，囫圇吞棗，去讀一些自己並不瞭解的哲學理論。那時，滿腦子想著「本我」、「眞我」、「自我」等哲學命題，覺得人生最重要的事情是尋找自己的價值、「認證」存在的意義，瞭解笛卡爾、尼采的思維。

當時對於這些存在主義的認知，有點兒是半瓶醋的自我陶醉，除了一些表面的名詞之外，什麼是存在主義、什麼是存在價值，直如空中樓閣，吊吊書袋而已，回想起來，眞是年少狂妄，不知天高地厚。

不料在中年之際，方親身經歷了自我存在的價值，以及因緣和合下「認證」了「眞我」的歷程。想來人生在峰迴路轉之餘，必須等待瓜熟蒂落。有心之際未必成熟，無意之間則柳暗花明。有時，生命的決定權並不在自己身上。

我睡前有打坐的習慣，大約十分鐘左右。我的睡眠時間一向固定，起早之後，一整天精力旺盛，從來不需要午休，即使是每天教課，體能極佳。睡前的打坐，對我來說除了放鬆之外，也是澈靜心靈的方式，所以打坐時刻，非常清醒。

我習慣在家中客廳的大沙發，或是骨董床上打坐。那一夜當我在床上打坐時，先生已經睡著了，盤腿而坐，面對著牆壁，牆壁上布置者一簾刺繡的金色布幔，牆壁與床的距離約兩百公分左右。

先生的鼾息輕輕傳來，閉目放鬆，聲氣緩緩，我享受著清澈的心境，大約三分鐘左右，忽然看見丈遠的地方有一尊神祇（我的眼睛是緊閉的，而且床前空間不足一丈），祂似乎有話要對我說，心中一陣驚訝，隨即張開眼睛，遊目四望，一切如常，先生的鼻鼾聲起伏有序，放下心來，又閉上眼睛。

再次盤腿閉目約一分鐘左右，祂又出現了，這一次距離更近了，大概離我有四、五公尺的距離，我能夠非常清楚的看清祂的形象（這時我的眼睛還是閉上的）。祂跟我一樣是盤腿而坐，身著金色袈裟，頭上有一頂法冠，就像是電影中唐三藏的打扮。

心中想著這一個像是「金字塔」的人到底是誰？疑惑的感覺一動念，不由自主的張開眼睛，發現什麼也沒有，方才收攝心緒，喘一口氣。我想，這大概就是所謂的幻覺罷。這時候下得床來，到廚房倒一杯水，漱一口清水收收神，再回到床上。

雖然滿懷狐疑，又有著一探究竟的心情，再次閉上眼睛打坐，這一次不到一分鐘的時間，祂已經來到眼前。腦海竄動著困惑：祂是誰？此刻心湖霎時有個沈靜的聲音響起，很清楚地聽到：「玩也玩得夠了，該歸隊了吧！」祂的表情藏著慈愛的笑容，這面容與言語是一種心領神會的交談，如電波頻率相契的互動。

這一次，我端坐不動，用一隻手去搖身旁熟睡的先生，然後輕輕細細的告訴他我看見的景象。我問先生說，我不敢動，現在要怎麼辦？

從事電腦軟體工程師的先生還是睡意十足，我常形容他如同一座不動的泰山，穩重而堅定。他就瞇著眼睛，釘尖的說著：「佛來佛斬，魔來魔斬。」才說完，倒頭又睡了。

現在只剩下我與眼前的祂面面相覷，而祂漸漸的退到牆壁前的金色布幔上，渾身的金暈與布簾合而爲一，淡淡的融化入牆壁，金影漸層地逐漸散褪而消失無影。

雖然不解與些微的畏懼（即令今日，我的膽子還是很小），但是爲了解開心中的疑惑，我還是下得床來，找來一支筆，將剛才所見的形象畫下來。這時候，我不敢再打坐了，乖乖地上床睡覺。

隔天，我把昨日圖繪的畫像，拿去詢問身旁的有著宗教信仰的朋友們，他們給我的回應是，應當是地藏菩薩。

地藏菩薩？祂要我做什麼？我不敢揣測，更不敢張揚。即便是已瞭解自己的能力，然於行事之際，依舊低調，因爲我不願意被冠以「術士」、「神棍」之名。即令已經參與了諸多重大的傷亡事件，也在朋友圈中小有名氣的解決了諸多疑難雜症，然我那俗世的理性性格，還會時常出現於意識中。

那最理性的聲音是：不要以爲自己是什麼，妳是在因緣際會下幫助往生者，這並不意味著妳是什麼。我還爲這種「自以爲是」的心情找台階下：因爲我不矜驕，我依舊熱心助人，我沒有什麼了不起，所以不必「放大」自己的能力。

想想，於經歷過老天爺給我的那麼多學習與機會爾後，尚保持此種心態的我，的確是以俗世有限的心靈，來丈量永恆無窮的智慧，這就是昔日那「我知我見」的窄隘面向，如此地蔽於知見。

所以，這一次雖然是地藏菩薩翩然來到，我依舊不動聲色，還有著逃避的心情。

但是之後的兩個星期，我就稀里糊塗的生病了，而且病得不輕，像是重感冒的症狀，頭痛渾噩，雙眼失焦，連走路都無法平衡，接連看了數次醫生，依舊不見好轉。病況的嚴重讓我的課都無法上，只能躺在床上胡亂昏沈的睡著。

生病的第二周，我從前一天星期六的下午一直睡到隔日中午的一點鐘，就像一攤沒有骨頭的橡皮仰在床上。先生硬是把我從床上挖了起來說：「這樣昏睡也不是辦法，我帶妳出去走走，透透氣，再這麼沒日沒夜的胡睡下去，身體也好不了。」我打起精神，想著不如出去郊外鬆鬆筋骨，於是，讓先生拉著我靡靡駝駝不平衡的身體，坐上車子，往北二高上路開去，行前，先生還下載了一張往汐止的地圖。

奇怪的是，一到汐萬路上，我的精神彷彿好了大半，還有精力欣賞沿路的山景，輕快的哼著歌。就這麼車行蜿蜒，一路遊去，在接近萬里的路段，突然堵起車來，一輛輛橫七豎八的車停在山路上，還有人指揮交通，往前一望，還眞是萬頭鑽動。看來是無法前進了，所以我們也停車下來，想一探究竟。

這時我的體力似乎已經恢復到八成，眼看著一群群人往山肩階梯走去，好奇的我抓著先生，也跟著往上走。令人難以置信個把小時前的我，還是軟綿綿、癱在床上的病號。

就在此時，耳邊已聽得梵聲四起，祥和清暢，順著階梯人行的腳踵拾級而上，陣陣檀香幽然飄盪，聞得神清氣爽，身旁只見衆師父們拱手合十，莊嚴肅穆。走完了石階，上得一片平台，占地頗廣，後擁一方禪寺，木牌橫楣寫得是「靈泉寺」，平台中間一尊潔白佛祖，水聲淅瀝，人群列隊曲折，打聽之下，才知道這是一年一度的「浴佛節」，信衆們群集而至，參與浴佛盛典，人數之多應有近萬。

身體既然已經清爽了大半，於是又調皮、好奇起來。我也跟著排隊，幫佛祖洗洗澡。禪寺提供許多素點心、餅乾等，讓眾人取食，恭恭敬敬地浴佛之後，感覺精神又大大一振，所以也順手抓幾個餅乾邊吃邊賞，想瞭解浴佛的其他禮儀。先生如果來到寺廟，總是行禮如儀地去問訊參拜，我們兵分二路，各自逛將起來。

只見眼前一排羅列的椅子，我嘴巴有那香酥的餅乾，手中還有一、兩塊點心，很自然地坐下來，享受梵樂悠揚、檀香薰氣，以及素點的清甜。我吃得嘴鼓堵堵，嚼動不停。「妳來啦！」忽然聽見一句清晰而熟悉的聲音響起，我嚇了一跳，往座椅的兩旁望去。我的左邊沒有人，右邊隔著兩個座位有一個小孩，那小孩正津津有味的像我一樣吃著東西，何況那聲音絕對不是小孩子的。

我一向聽力極佳，心中想道，也許是聽見別人的問話，所以不以為意地又坐了下來。才拿起點心一口咬下，耳際又響起：「妳來了！應當歸隊了吧！」這一下我聽得清楚極了，是身後傳來，站了起身，往後一望。原來座椅的後面為一排雅致的神龕，排序有致的供奉不同的神佛，神龕前有鮮花素果，每一尊神祇約只有五、六十公分的高度，所以我坐下來時，並沒有注意到。

順著方才的聲音，見到自己座椅正後方的那尊神佛，怎麼這麼巧，就如我打坐時所看到的那一位，頭皮不禁一麻，暗叫一聲，天哪！再一看，今天的祂還有一個坐騎，日後我才知道這個坐騎的名字叫做「善聽」。

回頭時，與祂剛好是臉對臉的四目相望，我驚訝得發怔，把嘴巴的餅乾生吞下去，還傻愣愣地在心中問道：「那天是祢到我家的嗎？」祂對我點頭微笑。這時刻心境突地恭敬澄清下來，接著又問著：「那祢要我歸什麼隊？」

「妳的能力不是妳自有的，妳的能力是要用來幫助別人，妳既然拿了這能力，就應當發揮出來。」聽見這話的當下，心海突現反思，沒錯，我從來不敢掠美這是自己的能力，我除了拿了這些能力之外，更享有諸多好處，每當有任何不順遂，只要心念一轉，各種困難都會如獲神助般的迎刃而解。我既然得到這麼多的好處，又擁有別人欠缺的能力，爲什麼還如此遲疑不決？

「可是我的膽子很小，從小老是看一些別人看不到、聽些別人聽不見的，眞的很不好受，何況祢叫我做的事情雖然會害怕，可是我也都做啦！」回憶起自小接觸往生者的記憶，以及在三度空間與它們「相遇」的情況，心裡還是膽怯。

「只有妳能夠幫助它們回到安寧的淨土，因爲妳天生有不同的稟賦，只有妳可以引渡它們到它們想去的地方。」那是一聲聲的叮嚀與鼓勵，我恭敬地合掌拜下。

周遭還是人頭鑽動，這一場與地藏菩薩的對話，如電光石火般兩極交接，清晰而震撼。我有如游魚般穿梭在水波流動的人影中，心中還依存著方才的對話。

記憶自潛意識浮動，思想起二十餘年的探索，雖然不再排斥，不過的確沒有想過，自己身上扛著這麼大的使命，而我何德何能，能夠擁有如天神般的能力，來爲衆生撫平往生後的不安與悲愴，爲衆生搭上通往永生的橋樑。

我再度向地藏菩薩禮敬膜拜，回到流水游動的人潮中。佛祖前還是大排長龍，信衆們虔誠浴佛，佛贊陣陣，油酥燈燦爛，遠處有師姊師兄們在幫人解讖。信步而往，找到一位和眉善目的師姊，不知道哪裡來的勇氣，我將這半個月來所發生的事，包括打坐時的神會、兩個星期的重感冒，以及剛才與菩薩的對話，種種巧合，一五一十地和盤托出。我疑惑地問著，這林林總總的情況不知如何解釋。

「恭喜妳了！」訝異地聽到了這第一句話，見她滿心的祝福、歆羨的表情。這位師姊說：「我們這裡有很多人修行、打坐，誠心祈求十多年，甚至數十年，夢想著這個機會而等待不到。眞是恭喜妳！地藏菩薩直接賦予妳使命，那，妳知道妳的使命是什麼嗎？」

我依舊懵懵懂懂的回應：「我不知道。」而這位師姊卻是堅定與明確的說：「妳一定知道的，眞是恭喜妳，妳怎麼這麼幸福。」接著，又是一連串的讚歎與羨慕的話語；她不斷地說，我們祈求了這麼久，都沒有這種能力；我們多麼希望打通這個管道，能夠直接接收到菩薩的明示；我們打坐、修行了半生，還達不到這個境界……。

合掌問訊，感激師姊的激勵，我依然仍在流水的人潮中浮動，深刻的反思。原來我與天神之間的管道自小就打開的，然而卻因爲自我的偏執，不斷的拒絕、否認，給自己找合理化的藉口。其實這與生具有的能力是有使命的。

再進一步省思家庭的生活景況。我有著人人羨慕的家庭，一對雙生兒女勤奮上進，先生敦厚踏實，有罕見的深邃智慧，對我的照顧更是細微不至，有多少人歆慕著他每天回家陪我吃晚飯，一起散步遛狗、談天說地。我安定與無憂的家庭生活，難道不是上蒼的護佑？

這眞該是反省的時候了，我怎能再以「我執」知見，自以爲是的迴避？

先生從人潮中向我走來，見我神采如舊，問著：「身體好些了嗎？」我點頭微笑，拉著他厚實的手，往禪寺走去，心想，好在是他，幫助我來一場認證之旅。而焉知這不是如來掌下的安排？讓我虛心與感恩的接受肩上的使命，我的腳步反而輕快了。

從此爾後，我如走馬燈般的看盡人海浮沈，善惡循倚，一晃十餘年，的確是善有善果，惡有惡報，無能僥倖行險，只不過普世下，人心不古，難以體會罷了！

第二篇

靈魂與善惡的磁場

第一章　十八王公的籤王

最近一位朋友問我，如果不意撞見所謂靈異的事況，應當如何處理？

所謂靈異的現象會令人驚慌在於不知道會發生什麼事情；或者說，一般人習以爲遇見靈體即表示厄運將至，這些負面的思維會讓自己嚇到自己。其實嘗試以平常心待之，反而是一種較正確的態度。

靈體與我們一樣，只不過少了肉身，未來當我們形體殞滅往生之後，我們也與它們相似。每個人早晚都會成爲靈體，所以基本上不必害怕。

不過，萬一自己不愼撞及，我建議最佳的反應爲先安下神，因爲大家的信仰不同，如果你有稱頌的佛號，或是以天主、上帝的聖名均可；你可以在心中默念如上的佛號、聖名等，然後恭敬的對它說：不知道您有什麼事情，我可能幫不上忙，非常抱歉，請您去找可以幫助您的人，也祝您一切順利。之後，再稱頌自己心中的佛號或聖名等，讓這件事情平順的過去。默念天主、上帝的聖名，或是佛祖、菩薩的佛號，是希望把自己磁場調回安然的情況，也能夠令對方感受到你的善意。

當然，驚慌是一定的，因爲我們對它們的空間所知有限，不過，在一般正常的狀態，除非對其大不敬，或有著故意挑釁的行爲，否則，它們的出現一般來說是不會傷人的（除非它是另有任務，或是固執頑靈，但不在本文的討論內）。

有些人認爲到醫院、殯儀館回來之後，即會衰運上身，病痛連連，以磁場的觀點來說，這幾處皆是「黑色磁場」大於「金色磁場」，故可以的話在最後離開後，勿直接回家，應至大廟、公園等正信與陽光充滿之處走動、走動，讓疲弱不整的磁場補強回來。

再以醫藥衛生而言，這些場所亦是病菌充滿之處，如能於回家之前到公園換換心情、吹吹風，到家之後全身沐浴更衣，也可以免除病痛上身的疑慮。

靈體與人一樣，除了少了血肉身軀之外，也會有不同的個性。而靈體的出現，說來有三種現象，一是它生性頑皮；第二是它還沒有能力與你保持距離，所以會讓你發現。上述兩種，當然不會傷害到你，所以更不必過度驚慌。而第三種則是較特殊的狀況，也許它有求於人，或是心願未了。

對我而言，我常遇見的即是第三種。當然，如果是有能力的人，均會盡量去幫忙、排解。當它有求於你，而你又能將之解決，是兩全其美的好事。這即是我所言，以善意、平常心待之的初衷。

人生有許多事況是無法料、不可逆的。每個人價値觀的養成，也是在這一連串人生的際遇中，去學習與調適。我其實也是如此。

大四即將畢業前夕，全班都在準備畢業展，大家都忙，我也在埋頭苦幹。一日，同學淑姬來電，那天淑姬氣呼呼，因爲她才和男友激烈地大吵一架。我和淑姬是班上有名的麻吉，兩人的感情很好，所以她有任何事情，第一個知道的大多是我。巧的是，那天她的爸媽才爲她買了一部新車，這在三十年前的時光，有一部新車可是非常拉風的事情。

雖然才和男朋友大吵一架，心中餘怒未消，但是淑姬還是執意要我跟她一起開車出去兜風。我直覺的反應是不行，因爲淑姬還在氣頭上，擔心她無法專心開車，所以我一直說，不要吧！新車妳還不太熟，現在心頭又不痛快，幹嘛這時候開車出去？淑姬就是不肯，硬是要到我家來接我。我拗不過她，只好說，那麼就到附近走走就好。

兩個妙齡女子上了車，一路開上陽明山，我一直覺得忐忑難安，對淑姬說，就在山上逛一逛，不要再兜了。話才說完，淑姬不知是心神不寧，還是沒有注意到，方向盤一轉，反而往陽金公路駛去，這下子我們只能往金山的方向走，這是山路，很難迴車，又擔心淑姬情緒不佳，我雖然心中有點嘀咕，但也不再多說什麼。

淑姬一路抱怨男友，對今天的爭吵還是耿耿於懷。當年我們這群學藝術的女孩，大多是家中的千金小姐，多半有些驕氣，所以淑姬對男友的衝撞，直是無法消受。

我們就這樣一路經過陽明山、萬里、翡翠灣，淑姬驅車往石門的方向，我已經有點不耐煩，這時，只見淑姬將車駛進一座停車的大廣場，原來前面就是十八王公廟。淑姬停車之後說，我們去十八王公那裡拜拜吧！我當時回答說，我是無神論者，要拜妳自己去拜，我在這裡等妳。

淑姬往十八王公廟裡去了，我呢，買了一包花生米，對著蔚藍的大海吃將起來。一粒一粒香脆的花生米已經吃得精光了，奇怪的是，淑姬還是沒有出現。我心中咕噥著，哪有拜拜那麼久，將近半個鐘頭了，怎麼回事？

這時候，只見淑姬面如土色的回來找我，她幾乎是氣急敗壞的也要我去拜拜。原來，淑姬一進廟中，不管拜什麼，擲筊時一直沒有聖筊，淑姬不甘心，又去求籤，還是無法擲出筊，這樣一而再、再而三的抽，最後居然抽到籤王。

籤王？不是最好的籤嗎？我莫名所以的回答。才不是，妳不懂啦！是最不吉利的籤，而且我已經添了二十斤的香油錢。淑姬又急急地解釋，原來廟公知道她抽到籤王之後，說著，唉呀！這眞是不好，妳必須添二十斤的香油錢，讓神明保佑妳平安無事。

淑姬的確乖乖地供奉了二十斤的香油錢，但奇怪的是還是擲不出筊來，這下子連廟公都覺得不可思議。他對淑姬說，妳想想看，有沒有什麼事漏掉的？這時候淑姬才想到我，她急得從廟中跑出來，央求我也去拜一拜。我心中雖然不信邪，然想著天色將晚，還要回學校去忙畢業展的事情，所以也就姑且聽之，去拜了一拜。

自小在廟旁長大，媽媽又是虔誠的民間宗教信仰者，所以我一向知道「如何」拜拜，只不過是嘴硬，加上無心，不肯前去捻香祝禱。但是，爲了淑姬，我進入十八王公廟，心中乖乖的默念著，我是某某某，家住在某地，誠心祈求十八王公保佑我們平安順利等等。

說來也奇怪，這一次，一擲就是聖筊，淑姬方才舒一口氣，又抽了一張籤，我們見天色不早，也就回頭往台北開。不知是否因爲抽到籤王，所以淑姬已經開始擔心男友的情況，憂慮男友會因爲跟她激烈的爭吵而想不開。淑姬嘴巴嘟嘟地念著，我則是心急如焚地想快點回到學校。

兩個人離開十八王公廟的車程不到十分鐘，一個左轉彎，淑姬不知爲何突然將方向盤打死，我們就在彎道處以九十度的方向，疾行似箭，以脫弓的張力，筆直地飛撞山壁。

這發生的時間不及一瞬，只聽得震天的撞擊聲響，冒在眼前是嶙峋的山壁，以及碎碎粒粒漫天亂擊的尖利玻璃，震裂的玻璃碎片往臉上、身上亂砸，兩個人同時驚聲尖叫起來，迅即昏暈過去。

不知道過了多久，只聽得耳旁的車聲呼嘯而過，悠悠的轉醒，開眼所見就是猙獰的山壁與殘缺的車窗，車子的引擎蓋全部扭曲擠壓進入山隙，我們的車頭似乎被整座山咬掉了一半，淑姬在旁邊呻吟，玻璃全都震碎了，我們全身被玻璃割得血肉模糊，這是我這輩子所遇到最慘烈的狀況，但只聽得車聲呼嘯而過，卻不見救援的手。

我只得忍痛爬出車外，尋求救援。等我一身血淋淋地爬出來，才知道，其實就算來車想救援，也不容易，因爲車子就卡在轉彎道的山壁上，來車不容易看到，轉彎之後，可能看到了，也來不及停車。所以我與淑姬就這麼掛在山壁，無法待援。

這時已是將晚光景，一個血肉模糊的年輕女子在路邊攔車，讓人看了都害怕，我顫顫危危地攔車，就是沒有人理我。體力都快支撐不了了，終於有一輛車停了下來，是一對夫婦帶著兩個女兒，他倆慌忙停車，幫我把淑姬救了出來，火速把我們送到竹圍的馬偕醫院。

當時身心俱創，一身疼痛，又是血流不止，受到驚嚇的自己忘記了詢問這對善心夫婦的大名，我記掛迄今。

與淑姬分別躺在馬偕醫院不同的急診室，我的眼睛被紗布遮起來，醫生與護士急著消毒，把碎玻璃一片一片鑷出來，我心中眞是又氣又急又怒，我罵著十八王公是什麼爛神，才剛拜過你，還讓我發生這種事！如果要我信你，很簡單，你一定要保佑我不要動手術。

當時年輕氣盛，渾然沒有想到，撞得這麼嚴重，沒有骨折、內出血等大事，何況三十年前，汽車不時興綁安全帶、車窗不是安全玻璃、又沒有安全氣囊，車窗玻璃飛濺得如此，我的眼睛沒有瞎掉，已經是萬幸，而我還一路怒怨十八王公，沒想到事況可以更慘重。

我的左額傷得非常嚴重，血流不止，急診室的醫生正在吩咐護士準備器具要縫合，額頭上的頭髮已經剃了一大塊，我依傞在心中埋怨。只聽得一位較年長的醫師匆匆走來，問著，吳醫師，你在做什麼？我的醫師回答道，這是剛才車禍送來的，我正要幫她縫。說著，這一位醫師已經來到床前，他說，這個不用縫。然後聽到他交代護士處理的細節，急急地又說，吳醫師，你跟我來，其他床有事。就這樣，把我的醫師帶走了。

我蒙著眼睛，根本不知道護士在我的臉上做些什麼，漸漸地感覺血止住了。這時候爸爸媽媽也趕到醫院，看見我的傷痕，又是擔心又是心疼。畢業將即，臉傷成這個樣子，我也是非常懊喪。

終於感覺不再暈眩，可以下床，我急著到隔壁探視淑姬的傷勢。淑姬的雙親也到醫院了，兩家因爲女兒的意外，都有點怨懟對方，然而在這當刻，兩個人的傷勢都這麼嚴重，所以責備與怪罪的話也都收斂了許多。

走到隔壁淑姬的床邊，一見到她的臉，眞的嚇壞了，那驚懼硬是哽在喉頭，呑也呑不下去，淑姬則是嚶泣瀝瀝，直說對不起，讓我傷得這麼重。淑姬當時也許不知道自己的狀況，因爲她的臉腫脹如同豬頭，滿臉縫針和瘀血，那模樣恁是駭人。淑姬的臉上縫了百餘針，原本姣好的臉龐如同蹂躪過的碎布拼湊起來一般。我的眼淚不禁奪眶而出。

淑姬叫我把皮包內的另一張籤拿出來，我順眼望了望。雖然現在回憶起時日已遠，但依稀記得其中一句籤詩寫著：壞事接二連三發。

跟淑姬比較起來，我算是幸運的，因爲在沒有動手術、縫合的情況下，雖然臉上傷痕累累，奇蹟的是，兩個星期之後，我的傷跡居然一一復原，而且沒有留一絲疤痕在臉上。

而淑姬當時擔心的男友，也的確是出了狀況，淑姬在回家之後打電話給他，感覺出男友的語態呆滯，趕緊請家人去探視，發現男友的瓦斯忘了關，差一點就出意外。這一場爭吵與驅車出遊的連鎖效應，讓淑姬與男友險些喪了命。

其實，直到今天，我亦不能瞭解當日發生事況的必然性與意外性。事過三十年，回憶不是要去探索起始原因，而是在反思少不更事的自己，居然不會退一步想，反倒一再埋怨神明的默佑。

不過，我倒是從那次意外之後，已經改口，不再宣稱自己是無神論者。

第二章　惡婆婆的下場

大學畢業的第一個工作是在和平東路的一間畫室擔任教畫的老師，當時因爲準備出國，所以課並不多，一星期只有兩天，算是出國進修前的暖身。

畫室旁有一家冰果室，冰果室的右鄰爲一間教打針織、毛線的手工藝店，巧的是扶持店家生意的是兩位與自己年齡相仿的女孩。我總喜歡在教課前到冰果室吃一碗冰，然後才悠哉遊哉的去上課，冰果室成爲我與秀靜的結緣處。

秀靜是冰果室的新媳婦，才進門年餘，產下一個女娃兒，先生正在服兵役。聽手工藝店的瑞華說，當時這一場婚姻男方極力的反對。

秀靜與先生「未婚先有」的懷孕了，這在保守的三十餘年前，是讓女孩抬不起頭來的「不潔」行爲，所以女方急著要把秀靜嫁過來，當然男方就不是這麼的樂意積極，可以想見秀靜在夫家中的地位了。

初識秀靜的她正做完月子，她像一株柔弱的山蘭，娟雅淡如，笑起來一對酒窩襯著小虎牙，非常可人，玲瓏袖珍的身形在冰果室忙進忙出，吸引附近兵營的一群阿兵哥們，很喜歡到這裡吃冰、吃水果，聊聊天。

每星期教課前，我一定到秀靜的冰果室報到，這時候瑞華也會聞風而至，三個女孩就這麼聊將起來。

我們都知道秀靜嫁過來的日子不好過，她除了要照顧初生的嬰兒、冰果室的生意，還得張羅一家大小的三餐。冰果室的二樓住著秀靜的婆婆、大伯、大嫂，我們從沒有見過他們下來幫忙。尤其是秀靜的婆婆，一身肥壯粗橫，眼若銅鈴，聲如八婆，說起話來粗俗刺耳，一臉的凶煞模樣。有時我們三人吃冰聊些話兒，一見到秀靜的婆婆下來，瑞華跟我就急急地吃完冰，趕快離開，連我們都不知道爲什麼這麼怕她。

聽瑞華說，秀靜每天早上五、六點就起床，先準備全家的早餐、午餐的食材，然後急忙開店。中午是冰果室生意的高峰，一群阿兵哥蜂擁而至，秀靜忙著招呼生意，剉冰、切水果、收拾桌面，她臉上總是帶著笑容，有時還背著小孩工作。阿兵哥就是衝著秀靜的甜美來店裡嘻嘻鬧鬧，等中午阿兵哥散了之後，秀靜又要準備晚上以及明天的物料，冰果室在十點鐘打烊，她每天都跟陀螺一樣，從沒有好好休息過。

有一次，我見秀靜的左腕裏起紗布，心中覺得一定有事，所以多問了兩聲。秀靜的眼眶蓄著淚說著，眞想一了百了，這樣的日子的確不好過。秀靜說，冰果室的生意若是不好，婆婆會惡聲苛責她不認眞，若是好一些，婆婆又會斥罵她招蜂引蝶、搔姿作態，有時還會罵她往娘家跑是拿錢回去，甚至還抓著她到祖宗的牌位前，壓她下跪，逼她對著祖宗的神主牌磕頭、發誓，保證不紅杏出牆、不跑回娘家。那一天因爲眞是想不開，拿刀割腕，後來又想著小孩以及當兵的先生，才止住了手。

當時自己還年輕，識見與智慧有限，只能聽著，跟著淌淚，希望秀靜熬過這段日子，等先生服完兵役之後，兩人可以獨立的生活。年輕時，疏乏閱歷，不懂得提供更積極的方法，幫助秀靜解困，迄今想來，還是心痛不捨。

每星期去教課，總不忘刻意到冰果室吃冰，其實是想看看秀靜這個星期是否安好。又有一次，見到秀靜頭上裹起紗布，她雙眼紅腫，看來是一夜垂淚無眠。原來這個傷口是秀靜的婆婆拿裁縫車的生鐵大剪刀，用力擊傷她的；還是那句老話，說秀靜狐媚衆生，不安好心。

怎麼會有這種惡婆娘？正陪著秀靜傷心難過，只見她婆婆像一艘船般，大軍壓境地走下樓，粗橫的雙眉嵌上不懷友善的銅眼，惡狠狠地瞪我一下。我也回應一臉的不快，匆匆的吃完水果，趕著去教課了。

我在那家畫室教了將近一年，見秀靜楚楚的身影日漸憔悴，她難得露出笑容了，手臂與大腿常有瘀血的傷痕，眞不知道她受了什麼荼毒。在冰果室見過秀靜的先生幾次，那是她最快樂的時候，這時的秀靜會恢復百齡鳥般的伶俐，依依的拉著先生的手對我介紹說：這是我的先生，阿昌。

看來阿昌與秀靜的感情很好，所以我心中也一直期待著阿昌快點服完兵役，讓秀靜脫離惡婆婆的凌虐。

當時年輕的心思太過單純，阿昌退伍之後，反倒是秀靜生命的終點。

阿昌退伍之前的一個月，秀靜已經數著日子天天在期待，她揚起難得一見的那對小酒窩與小虎牙，臉龐笑意燦爛。那時刻，我教課的時間增加，有時沒能與秀靜聊天，雖急忙走過，但是還不忘問她阿昌回家的日期。

阿昌眞的回家了，這是瑞華告訴我的，但是秀靜並沒有因此而過著安穩的日子。瑞華說，有一次看見秀靜的婆婆拿著刀逼秀靜自殺，對兒子大吼，秀靜忤逆、行爲不檢，趁丈夫不在的時候，勾三搭四。秀靜一直哭著否認，阿昌大概心中有數，不過礙著母親，莫可奈何地任秀靜跪在地上啜泣。

這種日子怎麼還沒終止？心中掛慮著秀靜，我到畫室教課時，發現冰果室的鐵門拉下來，一片寒凍的氣息襲來，感到身心極端不適，暗想應該是出了什麼問題。這是第一個星期。

第二個星期我如常去教課，鐵門依舊深鎖。雖然覺得不對勁，但是也不得其門而入，我只能約略感覺出秀靜在裡面，只是不開店了。

到了第三個禮拜，冰果室的門還是緊閉。我已經忍不住了，快步走到手工藝店，瑞華恰巧在，急著問道：秀靜不做生意了嗎？為什麼這麼久都沒開門？

瑞華紅著眼眶，訝然的說，妳不知道嗎？秀靜走了，死得不明不白。

一襲涼意爬上脊椎，直衝腦門，怪不得我一直覺得冰果室如此寒罩逼人，原來秀靜走了。耳中還聽來瑞華叨絮的說著：他們說秀靜是食物中毒，我才不相信，那一天阿昌生日，全家為阿昌慶生，不知怎麼搞的，阿昌就急著騎摩托車送秀靜到三總，聽說還沒到醫院，半路就斷氣了……。

聽完瑞華的敘述，我木木地走回畫室，雖然在上課，可是滿懷傷心與疑問，想著秀靜這麼年輕，還有個一歲多的娃兒，就這麼無聲無息地走了。而她是怎麼過世的？有人關心她嗎？

那天上完課回到家中，越是放不下，決定無論明天冰果室的鐵門是否依舊深鎖，一定要去問個清楚，這是我能爲秀靜所做的僅有的事。

夜裡就這麼輾轉地睡不好覺。已是夜深，聽到敲門嘟嘟響，不知怎麼地，我如彈簧般一鼓碌地跳起來，心中似乎已然意會到來訪的人會是誰。我穿過大廳，急忙開門。

我家的大堂內門是傳統的廳板兩片式木門，中間有一把長門，拉開之後，那兩片廳板可以張開到一百八十度。之後是第二重的雕花木門，這重門上面是雕花嵌著玻璃，下面則是實心的門板，但這座門只能開闔到九十度，然後望出去的是面對巷道第三重的紗門。

第一重內門貼上一對門神，我稍微打開門，那對門神自然向著外面。在還沒有打開雕花門時，面對著玻璃往外望，不見一絲人影。我還是打開門，大堂的光線自屋內傾瀉出去，因爲雕花門只能開足九十度角，所以光線成爲方塊形狀散溢出去。

我知道秀靜一定是隱在紗門外的光暗處，果然一偏身往外看，就看見神情悽楚的她。

「妳爲什麼不進來？」我問著。她搖搖頭說：「我不能進去。」「因爲是門神的關係嗎？」我再問，秀靜點點頭。

這時候我迫不及待地又問：「妳怎麼了？到底發生什麼事？」

秀靜穿著一身的旗袍，領口是鬆開的，只見她昂著頭說：「妳看！」我看見領口有一個大黑洞，正想開口，秀靜又說：「妳是知道的。」這霎時，我彷若知道了所有的過程，似乎有一組又一組的電波，貫穿我的腦際。之後，變成我自問自答地與秀靜溝通，而秀靜所有的訊息就這麼如電閃般地輸進來。

「妳是不是不放心小孩？」秀靜點點頭。「是不是要我跟阿昌說要好好照顧小孩？」她又點點頭，但眼神仍有牽掛。「要我對阿昌說妳很好嗎？」秀靜幽然地再點一下頭。「妳放心，我明天就去妳家跟阿昌說。」見我答應了她的請求，秀靜如雲影一般飄然而去。

我這時才回到床上，昏糊而眠。隔天晨起，才知為南柯一夢，我家大堂門廳緊閉，昨夜未曾開過大門。

來到冰果室，只見鐵門拉下一半，隱隱約約有錄音機誦經的聲音，我不顧禮儀沒有敲門，逕自鑽過鐵門，穿過冰果室，來到後廳。見到了秀靜的遺照以及簡單的白帳靈堂，一縷孤香殘絲，裊裊然如昨夜秀靜離去的身影，我更加的難過。

秀靜的大伯坐在靈堂前面的飯桌旁，他見我不請自來地突然現身，問著，有什麼事情。「我來找阿昌，我昨天夢見秀靜，她有些話託我跟阿昌說。」秀靜大伯把阿昌從樓上叫下來，我對著阿昌說：「我先為秀靜上香，再跟你說。」

執起一支清香，心中對秀靜默念著：「秀靜，我來了，我會把妳昨夜說的話告訴阿昌。」不僅是阿昌，連秀靜的大嫂以及那令人膽寒的婆婆，都下得樓來，看著我，一臉不可置信的模樣。

不忍見秀靜那年輕而猝逝的臉龐，上完香後，我走到原爲冰果室的前廳，一五一十地將昨天秀靜交代的事情對阿昌詳細說明。阿昌淚流滿面，哀鳴失聲。

秀靜的婆婆斜著眼睨我，滿臉的怒氣似乎要發作。這時秀靜的大嫂及時問著，妳說夢見秀靜，那她穿什麼衣服？我描述了秀靜所穿的旗袍，還有旗袍領口有個奇怪的黑洞。

這時候秀靜的大嫂也忍不住哭了起來，說著，旗袍是秀靜入殮時穿的。秀靜大斂時，身旁沒有親友相隨，只有夫家的人知道她的穿著，這時他們才算是相信我的話。奇怪的是秀靜的婆婆，原本是斜睥眼角，神情不耐，聽我這麼一說，突地一臉煞白，顯出慌張驚愕的模樣。

步出冰果室，把秀靜夫家的嚎哭聲抛在身後，只希望秀靜在幽冥的世界安寧。

即使今日想起將近三十年前的秀靜，心裡還是難過，我相信三十年斑駁的歲月已經讓秀靜安息了。不過，昔年在離開冰果室之際，我卻已知道秀靜夫家的騷動才正開始。

日後，冰果室出讓給一間理髮廳，因爲民間的習俗說，理髮師的剪刀最利，可以去邪擋煞。在這之前，冰果室早已不營業了，鐵門不再打開，而裡面不安寧的說法鄰近皆知。

最後知道秀靜夫家的消息是她婆婆因車禍身亡。秀靜婆婆的死狀甚慘，在一場連環的車禍中，其他傷者均無恙，唯獨秀靜的婆婆身首異處，屍橫肢散，致令死無全屍。

雖然不想用最傳統的觀點說這是現世報應，但是想著秀靜所受的凌虐，以及她莫名含怨而逝，她婆婆的下場，除了現世報，卻也想不出更合適的說法。

我常想，一個人的行爲終究是要負責任的，自己所種的因，必須自己收尾。沒有一個人能夠承擔他人行爲的過惡，以及爲他人「添功」或是「贖罪」，因爲個人的行爲不是算術的代換式，左右之間的平衡，要看你天秤的砝碼放的是正的因子，還是負的折損。天理恢恢，善結善業，惡結惡果，屢試而不爽。

三十年後，和平東路的畫室已經移往他處，冰果室拆了，手工藝店歇業了，現在是一棟大樓，一家跨國知名的銀行集團，一群摩登上班的粉領女子，三十年歲月的塵與土，眞是塵歸塵、土歸土了。

第三章　弱磁場與抓交替

小時候聽過一則「黑色」溫馨的故事，這個故事迄今依舊印象鮮明。

一位擺渡的船夫，一夜有位釣魚的訪客上船，這位訪客還帶來了酒菜，夜寒星稀，兩人就這麼聊將起來。爾後，只要到夜半時間，釣客都會攜小食美酒來訪，兩人成爲無話不談的好朋友。

有一夜，釣客前來辭行。他說，實不相瞞，我是河裡的水鬼，因爲這幾年把這條河管理得平安順遂，所以過幾天我就可以回到天庭赴命，而且會有人來接替我的工作。船夫知道釣客要回到天上，也非常高興，兩人話別一番，想著未來不會再見面了，更是不醉不歸的聊了一晚。

沒隔幾天的夜半，釣客又出現了，船夫覺得奇怪。釣客說，本來要抓一位到河邊洗衣服的婦女來替代他的工作，但是發現這位婦人背著小孩，他想著如果抓下她，連孩子的命也不保，心中不忍，所以就放棄了。不過，過幾天還會有人來，所以他還是來辭行。

隔了一段時間，船夫在深夜打盹，沒想到釣客又跳上船，這一次他帶來更豐富的酒菜，搖醒船夫。船夫忍不住訝然問著，你不是要回天上嗎？怎麼還沒走？釣客嘆口氣說，原來我要捉的人是一位孝子，如果我讓他接替我的工作，他的父母親會沒有人照顧，所以我決定放他一條生路；但是，明天有一位老人家的年壽將了，這是我最後一次機會，我一定要把他捉下來，所以，我們一定不會再見面了。

沒想到隔天早上，船夫發現老母親要到河邊洗菜，心中吃驚，想著釣客要捉的居然是自己的老母，所以說什麼都不讓媽媽去河邊。這樣過了三天，他想釣客一定非常懊惱，因此，夜半的時候，自己擺著船到河中央去。

果不其然，釣客跳上船，見面就說，好在令堂沒有到河邊，其實當我知道是你母親之後，心裡也是非常掙扎；但是現在我已經可以升天了，因爲土地公把我的事情往天上呈報，天庭因爲我的憐憫之心，將我晉升爲神格，明天清曉，我就要到天上報到了。

這是一位靈界朋友「抓交替」的故事，喜的是，有著完美的結果。可以看得出來，抓交替未必是壞事，而是天道循倚、人壽終止的一種方式。當然每個人天歲的結束，容有差異，有「命定」、有「冤死」，還有上述所謂的「抓交替」，眞可謂「人命有時而終，方式各自不同」，當然這也與個人的所作所爲有關。

假設一個人一生以七十二歲的年歲爲基準，兩世一百四十四歲的計算方式，來做一番加減計數，舉例而言，如果一個人前世不幸在三十五歲、不足天壽之前早夭，那麼這一輪迴老天自會補足他前輩子的壽命（亦即72-35+72=109），照此推算，此世必將年高長壽。這種以最基本算術方式推算的歲數，大約有百分之八十五的準確度；除非，此人十惡不赦、多行不義，於是天道不爽，依舊會減他的壽命。這即是每個人應當有的「命定」歲數。

至於不幸的「冤死」，有可能是各種小意外，或是一場大災難等，在這裡難以盡述。倒是有一件值得順提的是，常有人說若是因一場大災難（如空難）而喪命的，大多爲「共業」（註：共業，爲佛家言，每一世「來訪」的眾生，均有該世必須共同承擔的業力。業：凡所作所爲皆稱之爲「業」，善業有生善果之「力」用，惡業有生惡果之「力」用，統稱爲業力），我個人並不十分認同此論斷。因爲每個人的壽命與前述三個因子相繆，並不是單一的因素，何況行善積福者與倒行逆施的人，都會有不同的結果；各種大災難的發生，也有其背景，並不是單一的因子可以決定的。

而說到「抓交替」，這個一向被認爲是生命極大挫傷的死亡方式，其實和宇宙的大磁場有著相互牽引、密不可分的關係。

地球有南極與北極，本身就是一個大磁極，它的磁軸為南北向，所以在北極的水流方向與南極的水流方向不同；指北針為何一直指向北方，乃因為地球磁力所引，這是大家都知道的。

人的身軀就是個導體。我們的身體有百分之七的血液，血液中含有大量的鐵質，因此人體會導電、會觸電。例如，在發生大雷電時，千萬不可在空曠處，因為容易引來電擊。且人體自身為一個小磁場，生活在宇宙的大磁場中，自然會有交互的影響。

有一陣子居住在電廠附近的住戶，集體以抗爭的方式，希望電廠遷移到人煙稀少的地方，即在於他們發現某些疾病的發生率高於常人，這意味著，人與周遭環境的磁場，是息息相關的。

再以醫院目前所使用的核磁共振儀器為例。核磁共振為處於靜磁場中的原子核，在交變磁場的作用下，所發生的物理現象。人體的水分子內含有許多氫原子，氫原子具有磁場的特性，如同一個小小的磁鐵。核磁共振就是將人置於強大與均勻的靜磁場中，再利用特定的射頻無線電波脈衝，激發人體組織內的氫原子核，而獲取人體結構圖像的一種技術。

利用核磁共振的儀器，因為能夠成功繪製人體內部的圖像，因此成為一種精細的醫學檢測方法，廣泛地運用在多種疾病如癌症、帕金森氏症、多發性腦部與脊椎病變等的診斷。

透過最先進的醫學儀器，可以說明人是一個磁場，且透過磁場的交互作用，能夠檢測出許多疾病的初期症候。所以，人，這個小磁場與宇宙環境大磁場的感應，的確是存在的，而且磁場可以傳遞許多的「訊息」。

中國人說，福地福人居，所指的就是好的磁場可以讓居住的人神采奕奕。不過我們要如何知道這是否是好的磁場？

每個人都有先天的第六感，如果你到一個地方，感覺心曠神怡，渾身舒暢爽氣，這個地方八九不離十，就是一個不錯的磁場。反之，另一個地方潮濕、陰暗、霉氣浸逼；或是明明天光景色不差，但是你反而心生悲悽，往事歷歷盡是不愉快的記憶，那麼這個地方的磁場應該有問題，最好避之以求心念清靜。

這個原因很簡單，因爲我們活在地球上、活在這個大磁極內，我們的身體就是一個小宇宙，大宇宙的無形磁力，自然會影響小宇宙的秩序。也因爲如此，當我們的身體發生狀況時，運用核磁共振的原理，能夠檢查出我們這具小磁場到底發生了什麼失序的問題？

再舉磁浮列車爲例。磁浮列車爲懸浮在一個磁墊上，沿著鐵軌高速行駛，它的速度幾乎可以媲美飛機，所以被稱之爲會飛的列車。磁浮列車的原理爲利用電磁鐵同性相斥、異性相吸的磁性，使列車懸浮起來，再用電機推動前進，例如在日本的磁浮列車，測試的時速可達五百公里以上。而無論是相斥型或是相吸型的磁浮列車，均能夠產生極大的動能，疾飆前進。

磁浮列車的科技說明一件事實，亦即無論是相斥或是相吸的磁場，均會產生非常大的能量。如果我們用這種能量的現象，來解釋人與磁場之間的相應關係，那麼可以推斷出，當個人與正向磁場相應時，所產生的正面力量之大；反之，若是與負面磁場交會，其殺傷力之強了。

這就是福地福人居的因素了，因爲個人厚實的磁場碰觸到良善的同質性環境磁場，有時的確會產生錦上添花之妙。相對的，如果感覺自己身體的情況不佳，時常恍神閃智、或是無法集中心思、心情時上時下地悽惶不安，這時候就必須避開具有強大引力的地方。

所謂具有強大引力的地方，例如墳場、殯儀館、醫院，或是大家熟知曾經發生過許多事情、較不乾淨之處（某些特定地段時常會發生意外，如溺斃等等）。

過去常有人說，如果一個人的八字較輕，就容易發生「卡到陰」的倒楣事情，其實未必。想著今日醫療科技昌明，子女數又少，當代的父母親有許多是算好時辰生產的，誰的八字不重？而爲何還會發生某些不測之事？重點不是八字，而是磁場的交感。

雖然前面提到的「抓交替」對靈界的朋友來說，未必是不良善的舉動，不過容易成爲對象的，卻多半是那段時間磁場較弱的人。因之，避開「是非」之地非常的重要。

在地球的空間中，具有超級強悍引力的地點，除了大家耳熟能詳的百慕達三角，在台灣也有幾處稱爲媽祖石或上帝石的地點。這些地點因爲磁場紊亂，指北針一到該地，即會發生亂轉的現象，無法正確指出南北極，這也是船隻與飛機容易迷航的原因。

一個人如何善養敦厚紮實的善磁場？「境由心生，心傍磁長」，爲不二法門。磁場與心念是消長、互動的。而當自己的心智較爲薄弱，或是心緒混亂的時候，磁場也會出現躁動不安的情況。

有一次我到新店附近地區，必須乘坐渡船而行，那一天我見船夫心情不佳，而且磁場奇差，眞有那印堂發黑的情狀，就跟他閒聊起來。他叫阿德，剛跟老婆大吵一架，口中怨聲連連，我擔心他的情況，所以對他說，我還會回來坐你的船，別忘了等我。

待我回程時，阿德不在，詢問渡船頭的其他人，他們回答說阿德回家了。於是我搭其他人的船回來。回家之後，心中還是掛念阿德，隔幾天，恰巧又是連續假期，特地到碧潭，見阿德一個人有些發傻地坐在渡船頭。

我對阿德說，那一天怎麼那麼早就回家？他一看到我，馬上回答，差點沒有命了，當然馬上回家。原來阿德依約在渡口等我，正是下午五、六點的時候，想著跟老婆吵的那一頓，心中更是生氣，就這麼迷迷糊糊地打起盹來。

阿德躺在船身，這時耳際聽來一位好友的聲音說：「阿德，心情不爽，這裡有好康等你來，下來玩啦！」阿德似睡未睡，只見天光雲影，如水波盪漾……。那熟悉的聲音又飄了過來：「阿德，沒意思啦！叫那麼多遍，好吃的在等你，你只要翻過來就好了。」聲聲催促，聲聲喚。

阿德望著天際，見那雲朵如棉，柔軟似雪，想著眞希望到天邊去玩玩，他意態模糊，神識飄搖地正想翻過身去，突然聽得一句破鑼嗓尖銳的叫聲：「阿德，回家吃飯了。」聲音有如焦雷貫耳，鑽進腦際，他一下子回過神來，是母親叫他回家吃飯。

他在船上嚇得一身冷汗，因爲一翻身就是渡口的水藻爛泥，不消幾秒鐘即會一命嗚呼，他的朋友怎麼會在船底喚他？阿德一路狂奔回家，心悸不已且涕泗縱橫，他知道是老母親救了他一命。

見到阿德無恙，我方放下心來，那一天眞是好險，如果不是阿德的母親及時的喊叫聲，阿德也許眞的葬身潭底。

細說當日的因素，一是阿德那天的磁場，因爲與妻子激烈的爭吵而混濁不堪，所以容易引來抓交替的機會。但是因爲阿德平日對母親順從聽話，那一天，老媽媽知道阿德跟媳婦吵架，心中不痛快，一定不會回家吃晚飯，所以特地來找阿德。母親已經石破天驚的叫了許多聲，阿德才夢魂回轉，結果因此救了他一命。

所以，在阿德故事的啓、承、轉、合中，是否爲「命定」？或可能會「冤死」？或應被「抓交替」？彷彿都有因素，但也都能夠在擦槍走火的間隙中豁免，這就是所謂的「境由心生，心傍磁長」之意了。

撰寫至此，正是二〇〇六年農曆的閏七月，恰是每六十年的雙鬼月。民間傳說中有關鬼月的穿鑿附會許多，不過大家都相信七月開鬼門關之說，所以在七月有諸多的不宜。

其實，鬼月所祭祀的大多是無主的亡靈，或是方往生不足七七四十九天的遊魂。中國人一向有「死者爲大」的傳承，這是對於往生者的尊敬。過往，在河口、刑場、戰場附近，一向有較多的無主孤靈，所以這些地方的民衆，每年在固定的時間，均會主動祭拜這些因爲意外，或是戰爭而死亡的大批亡者，這就是普渡的由來。

所謂普渡，即是普遍的施食予靈界衆生，讓它們亦能收受人間的祭拜。漸漸地，前述地方如河口、刑場等地，普渡的時間趨向七月，七月爲鬼月之說，便漸漸傳衍開來。而無論是祭拜老大公、好兄弟等，均是生者爲靈界的朋友廣開方便之門的美意，邀請它們一起享受人間的禮敬與感激，感念它們帶來地方的安寧。

在台灣普渡的習俗最初也是最炙熱的就是基隆，原因很簡單，因爲基隆是個港口。基隆普渡所祭拜的習稱老大公，所指的就是已經仙逝的老好人。七月的普渡既是祭祀靈界的好朋友，因之，神界不會來會；那麼地獄的亡魂呢？其實，它們因爲運命已定，所以無法離開地獄之苦，而無能享用；也可以說，七月的普渡，神、鬼並未在列。

行筆磁場，落註普渡，希望能爲一般人解惑釋疑，而能對未知的宇宙，心存感恩的敬畏。如果無意間撞見或有自覺失禮的情形，盡量心存誠意去溝通，切記必須化解，勿不了了之的徒留憾事。

我們必須在可知的有生之年，善養溫厚、快樂、施予的善磁場，爲人間塵世留下美麗歲月的記憶。人生而有涯，當我們在面對不可逃脫的往生之路時，會期待以何種心情面對？是懊惱、後悔、悲嘆、不滿？還是感謝天地讓我們有機會實踐一生的理想。

而生命的理想是什麼？生而爲人，我們在宇宙空間的職責、角色又是什麼？

你曾經想過嗎？

第四章　老天有眼，明察秋毫

無意中接獲一位老鄰居的電話，她告訴我，夫家的小叔在月前跳水自殺，她現在的心情非常焦慮、緊張、無助，因爲想起了多年前我對她說的話。

我搬離舊居已經二十餘年，沒想到她還能夠找到我。這一通電話又將我拉回年輕時刻，那時我還是一位花樣年華的少奶奶，家住在台北的豪華住宅區，前有庭院，能夠讓我蒔花作畫，悠哉遊哉。

隔鄰的幾戶是當地的地主，家中經營糖果工廠以及搬家公司，算是家族企業，由三位兄弟掌管。雖然是鄰居，但是大家互不來往，一方面是因爲這一位芳鄰財大氣粗，貨車出入時常霸占路面，若有鄰居反映，更是粗聲惡氣，貨運的司機凶如煞神，也讓我們避之唯恐不及。我與他們雖爲近鄰，但是連點頭之交都算不上。

我與鄰家的二媳婦同在一家美容院洗頭，時常有見面的機會，她知道我住在隔戶幾家，也知道我是新嫁的媳婦，在家中教畫。雖然已經在美容院見了好幾次，不過我總覺得她的眼睛長在頭頂上，一副趾高氣揚的模樣，所以也懶得搭理她。

倒是有一天，美容院的老闆拿了一張便柬給我說，隔壁的這一位太太知道我在教小朋友畫畫，她的小孩也想學畫，所以特地留下家裡的電話，希望我跟她聯絡。

我收下那張紙條，回家之後隨手一放，並沒有回電。當時我認為自己的身分地位不比她差，她是富家的媳婦，不可一世，我也尊貴非凡，不與她一般見識，而且她家在左鄰右舍惡名昭彰，我根本無心回應。

年少自己的那種傲氣，當然是不對的。

過幾個星期，我在夢中接獲訊息，這些訊息很明顯地指向她的家族，將有男丁凋零、家破人亡的慘況。我一連夢了好幾天，卻是一籌莫展，因為這種「預知死亡紀事」的訊息，是我最「有口難言」的情景。

自幼口若懸河，辯才無礙，也喜歡與人言語爭鋒，尤其是對於神、佛、道、法，無論是遇見傳教士、牧師、摩門教徒，甚至在家修行的居士，一定要說上一、兩個小時，丈量了自己口才的實力之後，才心滿意足，一副伶牙俐齒的得意。

年輕時際，自己尚渾沌莫名，接獲這種難以啓齒的訊息，更是啞口難言，不知如何應對；何況經驗也讓我知曉說與不說，其實都是自討苦吃，因爲說了人家未必感激，也許會想著妳是否妖言惑衆想來訛詐錢財；況且說了之後若是眞的應驗，又非我所願。

何況中國人一向有許多忌諱，人家好端端的，我如果貿然地對他們說，家中將有浩劫，這不僅在常理上說不過去，對方還會認爲我觸楣頭、詛咒他們；再者我與他家沒有交情，要傳遞這個訊息，眞是難上加難。

我被這個夢境攪擾得睡不安穩，有一夜我接收的訊息還更清楚，這一個家族必須經由我去幫助他們，因爲他們做了一些不該做的事，必須及時修正，假設我不去點醒他們，將來家族的災難將更無法收拾，甚至會禍延下一代。

晨起爾後，雖然覺得事態嚴重，還是猶豫不決。心中想著，就算我去對他們說，他們也未必聽得進去，我總不能說是因爲做了幾場夢，天神一定要我來執行這件事。就這麼琢磨遲疑地又拖了一個星期。

那時候雖然還不確定自己的角色功能，不過心中隱隱知道，如果我不乖乖聽話「即知即行」，一定會大病一場。

果不其然，我眞個的感冒了，這一病咳得聲嘶力竭，所有的課都無法上，夜半夢境還會見到一張怒容，讓我非常不安。

應是我身體情況最差的那一夜，我所夢見的不再是怒容滿面，而是一張異常嚴肅的臉，那冰寒嚴厲的眼神讓我知道，不能夠再拖下去了。

隔日，好不容易找到那張便柬，是隔鄰的二媳婦希望兒子來學畫所留下的電話，心中認眞的練習了幾遍，希望能夠順利開口，不過當電話打通，她來應話時，我還是支支吾吾地難以啓齒。

我說，我是隔鄰的繪畫老師，妳曾經留話給美容院的老闆說，希望兒子可以來學畫，不過今天我來電的原因不是爲了這件事。……因爲，我知道妳家裡將要發生大事了，……如果不及時修正、行善，家中的三個兄弟都會出事……，出事……，其實就是……是……往生的意思。

我說得艱難極了，不意，話才說完，電話那頭的她隨即放聲大哭，她涕泗瘖啞地說，她家大伯昨天夜裡燒炭自殺了。

現在，換我錯愕自責，我憶起昨夜那張嚴厲的眼神，心中懊悔不已，我的電話太慢了，已經有一個人走了。手中的話筒變得如千斤重，我頹然地坐在沙發上，滿懷歉然，因爲意外已經發生了。

這已經是將近二十年的往事，離開舊居之後，我也搬過幾次家，與她偶有斷斷續續的聯絡，漸漸地知道了她家的景況。

她的公婆原是命理師，專門爲人看風水、改運、走奇術等，因此累積了許多資財，加上祖先留了不少土地，所以家境優渥，糖果工廠以及搬家公司的家族企業也是生意興隆。不過，他們當年有如無賴行徑的做法，包括在高速公路拖吊時漫天喊價（當時信用卡尚未普遍，亦缺乏道路救援系統）、貨車司機霸占路面、隨地吐檳榔、當街粗言粗語等，的確招來許多民怨。

其實，有時候，我並不瞭解當訊息傳達，必須假借我來伸出援手時，老天爺爲何會這麼做？例如，這一位鄰居的情景。我只記得那一天早上，我支吾其詞，告知必須修正家族企業幾近惡霸的陋習，多積德行善等等，而當時她夫家的大伯已經自殺身亡。

經過這幾年，她家族的行爲業已收斂許多，而且不時做些善事，例如，利用家中的交通工具帶社區的老人家去醫院檢查身體、爲鄰近較黑暗的巷弄捐照明路燈。每年大節日還會送物資給偏遠山區的貧苦人家等等。

我會想到，是否因爲她家中富饒的景況，以及可以影響、幫助許多人，因爲畢竟許多善事眞的需要以金錢做資源，所以上蒼才希望我傳達訊息，也許期待因著他們的改變，發揮更大的影響力。當然，這些都是我的臆測。

不過，事情過了這麼久，再一次發生意外，現在，我能夠更體會她焦急的心情，因爲家中的小叔又出事了，下一個，會不會是她的先生？而，這一次，我還是啞口無言，不知道如何安慰她，或是提供更積極的建議。

有時，我也會「往上」觀察那些身在高位的「袞袞諸公」，他們身繫社會的大責任，無論是思、言、行爲，以及牽一髮而動全身的政策與決定，如果稍有不慎，絕對是「茲事體大」，有些政客甚或是有意無意的鼓動不善的民心，錯植不正的行爲觀念，可以想見，他們所背負的「後果」將更爲嚴重。

那他們身後，或是未來的家業子孫，會承擔些什麼？難道他們從不爲自身或是下一代著想？而眼見這五十年來的昭然若揭，屢試不爽，我只能爲他們搖頭，並祈禱早日了悟這善有善報的天理循環。因爲是非公裁絕對是賞罰分明，只不過在決斷點的時機罷了。

掛下她的電話，我彷彿又回到二十年前的清晨，坐在家中的大椅子上，獨自深思。

這一件事，讓我再次想起，當年一再摒絕身上的使命，不願意承認自己的天職，其中有大部分的原因是因爲有許多風水師、命理師的胡言非行，他們假藉爲人改運、延壽、賺大錢等，爲有所求者行奇術，或眞的有所謂的五鬼搬運等等，讓人度一時之厄。

此種陰鷙的做法不僅有多數是欺騙的行爲，即令眞有其事，命理師等若是以此作爲斂財的工具，更是天理人律難容。身爲一位知識分子的我，當然不願意讓人貼上這個標籤，所以一再地拒絕。

今日回觀，如果是以此種方式斂財，其人的下場均相當不堪。他們往往損失了自己「最痛」的一塊，無論是家人、疾病、錢財，或是心中的摯愛，只不過多數的人並不知道。這就是我所謂的賞罰分明，「老天有眼」，絕對「明察秋毫」。

想一想，如果素行不良的人，可以藉著改運而逃脫，這不是太沒有天理了？所謂逃得過一時，逃不過永久，因爲，最終，還是要自己來承擔惡果，有再大能耐的命理師，也不能假傳聖旨，爲你補過。

爾後，當我確認身上的使命而樂受此種稟賦之際，我方能夠以坦然的心情，當出手時即出手，並且告訴大家，我無法爲人補過贖愆，因爲我沒有這種能力，但是，我能夠以確實的態度爲心有疑惑或幡然醒悟者，指出一條道路。

其實，要改變自己的命運非常容易，多多行善積福，絕無第二個法則。人只要心念一轉，在自己的角色上，盡心扮演好「善」爲人的角色，就能夠扭轉許多如今日「亂世」般的景象。

當然，這需要大多數的人一起來做。例如，有能力的人，可以善施予晚景堪憐的老人家，無論是養老院、安老院等，讓他們接受具有品質的照料；或是捐獻營養午餐給偏遠山區的學童；或是提供善款，幫助弱勢族群的子女們，接受學前的教育等等；能夠做的事情非常之多。

而一般的普羅大衆也許沒有廣散資財的能力，但是可以從身旁做起：孝敬雙親、友悌兄弟、正確的教導子女、敦親睦鄰等。而無論是環保義工、安寧義工、社區觀護義工等，這些行爲都是向上的力量，可以幫助我們的社會更加的和樂，尤其是「身在」公門的善知士們。

最近，在教學時，有一個非常難過的經驗。那一天，下課較晚，因爲是冬季，天黑得快，我擔心學生獨自回家不安全，所以問學生說，妳家在哪裡？老師送妳回家。她居然回答說，不告訴妳。那，媽媽的手機號碼呢？我打電話叫妳媽媽來接妳。她更是嚴肅的回答：不告訴妳。

我其實是知道她住在附近的大樓，心想，現在的父母親眞是難爲而相當無奈，過去，雙親會教小朋友背地址，擔心萬一走失，好心人會送孩子回家，但是現在反而擔心因此而遭致綁架。過去是最親近的人讓人最放心，現在有許多犯罪行爲反倒是熟悉與信賴的人支使的。難怪我問學生她家的地址、電話、媽媽的手機，她都說，不告訴妳。

這應當不是我們熟悉的兒時記憶、不是我們喜歡的生活景觀、不是我們期待的社會環境；也因爲如此，我們也會縮手縮腳，不知道如何去做。那麼，就從自身做起，從家人做起、鄰居做起、社區做起，讓生活周遭充滿善的能量與磁場，讓生命純善的光環，激揚我們心底的渴望。

日本一位江本勝先生，研究有關水的訊息與水結晶的實驗，他起始的動機非常單純，他想到人的身體有百分之七十的水分，科學家也告訴我們，生命來自海洋，水與人類的生命如此息息相關，所以興起研究水的動機。他在《生命的答案，水知道》（註：中譯本於二○○二年如何出版社出版）的著作中，舉出許多有關水的結晶研究。

奇妙的是，水若是聽到貝多芬的音樂，會呈現瑰麗多姿的結晶形狀；若是咆哮的重金屬音樂，結晶體則呈混亂扭曲的樣態。如果，你每天對著一杯水說，我喜歡你，水的結晶必然清麗瑩潔；若反過來說，我非常討厭你，則結晶爲一片混濁淩亂。生命的訊息，水知道，的確沒有錯。我們的心念的確可以傳遞出去，改變生活周遭的能量，而能夠提升，或是劣化自己的生活素質。

我知道，即使今日，我尚無法解答許多宇宙的奧祕、上蒼希望我去執行的訊息，以及如何挽救這新世紀的頹唐。然而，我卻斬釘截鐵的相信，每一個人的起心動念，都會影響到生活氛圍的磁場與能量，往上提升或是向下沈淪，就在瞬間。

一通老鄰居的電話，讓我一午默默，思考了這許多。

第五章　衆神如雲！誰家神明最靈驗？

記得數年前發生一件事，當時還造成一陣討論的風潮。台灣知名企業家宏碁電腦的創辦人施振榮先生，一次其工廠遭竊，有一批爲數不少的IC晶片遺失，這會造成宏碁電腦極大的損失，所以檢警立即偵辦。

施振榮先生事母至孝，他的母親長期住在鹿港，施振榮幾乎每一、兩個星期均回家探視。這一次，廠房發生這麼大的事情，所以他打電話回家告訴母親，那一個星期天因爲要處理IC失竊的事情，無法回家。母親知道了之後，對他說，那我去拜一拜，請地母娘娘幫忙，不過你有空時還是要回來拜拜，這樣子才會靈驗。

施振榮先生非常孝順，因爲是老母親的囑咐，所以他眞的回到鹿港一趟，到地母廟中誠心上香。而奇妙的是，就在三天之後，所有宏碁的IC晶片都找到了。這件事連施振榮先生都覺得不可思議，他也不避諱在公開的場合中提及此事。

宏碁的晶片失竊案，反饋出幾個思索，第一個當然就是施振榮先生對母親的順從，因為老母親告訴他要自己誠心祈求才會靈驗，為了母親的叮嚀，施振榮先生特地回鹿港老家拜拜，這即是他對母親掛念之心的孝親回應。但是對於多數的其他人而言，也許最疑惑的是，地母是哪一位神明呢？怎麼沒有聽過？

這也是身旁許多朋友對眾家神明的疑惑，例如，三太子是誰？為什麼這麼靈驗？十八王公又是哪些神？（註：十八王公據傳是清朝時刻，有十七位壯男與一隻狗渡海來台，不幸遇見船難，然無人棄他人逃生而全部喪命，其遺體漂流到八里外灘，當地人感其情重，遂埋葬立祠紀念，爾後香火不墜。）還有，據說李師科祠也很靈，難道李師科是天上的神仙下凡的嗎？（註：李師科為一位退役軍人，因為搶奪銀行而被判處極刑，但其所搶奪的金錢，均用來襄助鄰里老弱，因而有人在他往生之後，為其立祠。）

除了這些之外，甚至有人對我說，他家故鄉的大樹公幾乎是有求必應，鄉下的家人虔誠得不得了，有任何疑惑，只要誠心相求，大樹公一定會幫忙。

這般「眾神如雲」，對於生長在高科技世代的當代人來說，到底是不是迷信？不過想想，連出產高科技產品的施振榮先生都發生過如此巧合的事情，而這真是地母娘娘的神力？或只是巧合？然無論如何「眾神如雲」的現象的確難解，因為除了釋迦牟尼佛、觀世音菩薩、文殊師利菩薩、媽祖等等我們熟知的菩薩神佛，其他的「神明」呢？到底要如何解釋？

在宇宙的空間，佛、神、靈、人各有其所。以人為例，世界上有各種不同具善心善念的人，無論是大人或是小孩，男性或是女性，總是有默默行善，或好打抱不平的，但是人的榮壽有終，何況就算身在人間世也未必有餘力多行善舉。

這些具有善念之人往生之後，也許是因為使命未了、陽壽未終，或是其他種種因素，所以暫時無法歸位，尚在靈界的空間遊移。但祂們善心依舊，善根如往，在尚未歸位之前所具備的靈能，事實上是有能力幫助紅塵中的凡夫俗子。

往生者中有各種不同的性格、性別、年紀等等，這些正向靈界的神祇，有年歲尚輕而早逝的，有如同崔媽媽租屋服務一般樂心助人的婆婆媽媽，也有義薄雲天的江湖漢子，甚至是一生敦親睦鄰的鄰家伯伯；他們依然是有神有靈地關懷浮沉人間。

常言道，近者相吸。磁場相近的人自然會匯聚在一起，靈界亦然。於是，早夭的小朋友會膩在一起，婆婆媽媽又自成一個團隊，安土重遷、不捨家鄉好山好水的鄰里叔伯自然會守著故鄉。這一群善心善念的神靈，各有山林，護佑著塵世中勞苦碌務的人們，當凡夫俗子心秉善念，有所祈求之時，只要是神靈們靈力所及，祂們也會樂於襄助。

那些年幼的靈界小朋友，就是我們習稱的三太子；年長心慈，性喜助人的婆婆媽媽們，就是地母娘娘或九天神女等女性神祇；而好打不平，生前義氣干雲的江湖人士，自然匯集在廖添丁廟；至於不捨家鄉山水的鄰里叔伯們，就是大稻埕前的大樹公或是石頭公。這許多正念心善的神靈，成為我們周遭熟悉或是不熟識的眾多神祇。

所以，祂們不是「一尊」神，而是眾多磁場心識相近的神靈小組。如果大家對於坊間一些附乩的故事略有所聞的話，也許就曾經聽過這樣的事；我們舉三太子為例。

有人前往三太子廟請求三太子神通靈顯，祈其所願，於是附乩者常有所示。有時附在乩童身上是男孩，有時會是女孩，靈通遂願之後，祈求之人每希望有所報答，所以常常請乩童詢問應當供奉何種貢禮來孝敬三太子。也許乩童會回答說，下一回別忘了巧克力。

但是，當下回恭恭敬敬帶來貢品還願時，其中一定少不了巧克力，奇怪的是，這回三太子透過附乩者說要吃棒棒糖，不要巧克力了。這種故事在神乩界時常發生，其實原因很簡單，因為這一次的三太子與上一回的三太子不是同一尊神祇，所以口感喜好當然不同。

這些正向的靈界朋友在因緣具足之後，自然會歸位神回太虛。例如，有些靈明因為幫助過許多人，爾後也許真的會晉升神格。不過這些靈界朋友何以能夠有此際遇，匯聚一處，共同助人，即在於祂們在浮華塵世中，就是正心善念，喜歡幫助別人，往生之後，祂們還有「熱心公益」的使命感，才會被揀選進去，與其他諸位神靈等等，共同助人。

所以並非所有往生者均具有此種助人的靈力。當人往生，神識靈魂剝離軀體之後，靈界的空間中，自然會篩選出如上述的靈能來幫助眾生。然而祂們尙屬靈界，靈力有限，所以對於祈求者的要求，未必能夠逐一實現，這其中還牽涉到祈求之人其心思與初念。

發善心、行善行、說善言，是一個人俯仰天地的基本生命態度。古人言「得道多助」，「道」就是如上最基本的做人道理；反之，則是「多行不義必自斃」。也許有許多人不相信這麼八股的說法，但是天理不爽，古今中外價值如一；西方宗教說，當審判之日來臨之刻，誰也無法避免，就是這個道理，因爲「不是不報，時候未到」罷了。

有句古話說「何德何能」？有時我常會思考，每個人都期待神明給自己有利的指引，或如何趨吉避凶等等，但，祈願之人是否反思及自己的「容器」足夠嗎？就如同你到一座結實纍纍的果園，果園的主人任你摘取，如果你願意，還可以帶回滿園的水果，然而你的手中卻只有一個小提袋，即便是摘滿提袋，也帶不回心中期待的豐碩果園。

你的容器（提袋）只有這麼一點點，如何承載得下宇宙衆神的豐厚賜與？而要如何累積自己提袋的容量，就在你日常生活的思、言、行爲。

請問，你想過需要營養午餐的貧童嗎？或是年老無依、風燭殘年獨居的老人家？也許，你家的樓梯間非常髒亂，你是否願意抽空幫忙清掃，維持生活周遭的整潔？這些有心、願意、自動的行爲，其實就在你的起心動念之中，每日行之，不求回報，你的容器自然而然蓄積涵養，因此，當你有一天眞的需要神明匡助時，才會有如此的容量承受天地的回應。

相應天地之德，不一定要以三牲六禮來祭祀、祈求，而是發諸內心的感恩去回應。例如，回應克盡人子、兄弟的本分，孝悌、友愛、照顧自己的家人；行有餘力，再將我們的心力，推己及人。

想想，若是社會上的多數人、家庭都能平安、和樂，這個社會是否將一片祥和，生活的周遭也會減少諸多暴戾之氣，民風淳樸而能安居，我們的家園會更加美麗。

人身難得、生命苦短、機會有限。其實，我們不必等到往生之後，擁有了靈能才去行善（何況具有行善能力的神靈，亦根於祂們在有生之年多行善舉），就是因爲未來不可知、不可測，所以，我們更應「量力爲之，當行即行」，更不必等到審判之日，才發現自己所蓄積的容器不足，而被打入「黑牢」。

第六章　風水，風水，風生水起好運到

這是我一位在大學任教友人文翠「搬家」的眞實故事。

他們全家包括雙親、兄嫂以及姪女六口，原來住在台北縣郊，希望移居台北市，鎖定的是新建大樓的透天厝。找房子已經大費周章，終於尋訪到家族成員都滿意的房子。文翠在家人相中房子之後，與我聯絡，希望我給一些意見。

那一陣子我正要出國，異常忙碌，唯憑直覺對文翠說，似乎不太妥，同時詢問她家門前有否一片竹林，文翠表示門前有一片竹林，但不在正門口。出國在即，所以我只匆促地說，不要太急，最好在白天神清氣爽之際，再去看房子。

沒想到回國之後，文翠告知大哥因爲付了斡旋金，眞的斡旋上了，而且舊居已經賣出，在這情況下，不搬也不行了。

我在他家遷入之後，抓出時間一訪，進門爾後，心有所虞，無意中問了文翠家中老人家以及小孩目前如何。文翠告知，大嫂懷了第二胎，父親已經退休了。照理說，現在這家人應是幸福、快樂的享受新居的喜悅，然而，那當刻我的心緒一直有著波動不安的感覺，尤其是看了老人家的房間之後，因此建議他們必須做一些小修正。

家族的新家爲透天的五層樓，每一位家族成員居住在不同的樓層，我順著文翠的介紹一層一層往上爬，與她大嫂擦肩而過，感覺又是一陣心悸，忍不住私下詢問文翠已經懷孕的大嫂健康情形，文翠告知，日前才做過產檢，一切平安。

中國人說，福地福人居，想著，如果一切平安無事，就不必多言，因之只對文翠建議家中的小修飾之後，又急急回到畫室授課。

不過，文翠的家宅眞的開始不對了，首先是退休的父親，莫名的沈迷賭博、脾氣焦躁，又疑心病起，老是懷疑家人嫌棄他，所以就更沈溺在六合彩、大樂透等博彩中，甚至夜不歸宿。

文翠的大姪女也變得體弱多病，原來很容易帶的小孩，現在變成三天兩頭上醫院，搞得大哥與大嫂筋疲力竭，所以夫妻自然時常齟齬。文翠的兄嫂同在學校任教，家中均受高等教育，平常進退有節，家教非常之好，家園的氛圍一向和樂，所以夫妻發生此種箭拔弩張的情形，讓文翠憂心不已，終於忍不住又來電詢問。

其實我知道，前一次到文翠家中所給的建議並沒有被採納，在於文翠的大哥一向不相信所謂的家宅風水之說，我能夠給予的協助當然就有限了。

而之後發生的事情則令人非常地不捨。

首先是文翠的父親因爲急性腸胃炎住院，原本以爲只是小病，住院不到一個星期，小病變成大病，住進了加護病房，家人憂心焦慮。文翠來電說出心中的疑惑與不安，我憑著直覺說，家中將有星星隕落，但總有轉換。

隔三天，文翠在學校上課，接到緊急電話留言道，大嫂懷的小生命因爲臍帶繞頸恐怕凶多吉少，希望她回家一趟。下完課，文翠急忙回得家來，但是家中闃無一人，心中更是張惶納悶，這時候接獲出嫁小妹來電告知，父親在加護病房失蹤了，所以一家子氣急敗壞地趕到各自的醫院去了。

眞是一波未平一波又起，文翠火速急奔醫院，想瞭解狀況。全家人要面對大嫂死胎的傷痛，又要尋找無名失蹤的老父，眞是雞飛狗跳。但奇怪的是，那天晚上，老人家自己回家了，而且一絲病態皆無，原來他是在早上的時候，覺得自己已經痊癒了，所以私自離開醫院。文翠這時才瞭解是那一顆殞落的小星星，轉換了老父的生命。

一連串的事況終於讓文翠家人考慮必須搬家的可能性了，不過，長安居大不易，要找到經濟能力負擔得起的合適住家，並不是那麼容易，何況在發生恁多事後，大家身心俱疲，總希望事情已經告一段落。而在尋找新居的間隙，文翠的父親依舊脾氣爆裂，耽溺賭博，家人無法排解老人家的行徑，也就任他隨性去了。

直到文翠父親連續兩夜沒有回家，家人又開始驚慌，他們到警察局報案，所有可能的朋友親戚都尋遍，依舊無聲無息。一個星期後，警局來電說發現老人家已經溺斃往生了。

警察告知文翠家人，父親是跳河自殺的，全家人迄今仍無法相信生平最怕水的父親，會選擇跳水來結束生命，截至今日他們仍認爲老父親是受到無明的牽引，糊里糊塗地墜河殞命。

父親自殺事件的十個月之後，他們終於如願搬家了，大嫂也順利添了老二，自此家宅和樂，一切順遂。

這是個典型家宅風水的案例，而風水眞的有那麼大的影響力嗎？

風水即所謂「風生水起」之意，望文生義可以感覺得出所指的是一切順暢的流動，這包括新鮮的空氣、流動的水脈以及充足的陽光等。所以陽光、空氣、水，不但是生存的三大要素，更是希望能事事順利的「風水」三大關鍵。

人們會考慮到風水的問題，一定是在居住不順遂的時候，很少有人在家道興旺時去思索風水有否問題。更進一步說，風水是人與環境互動的一種關係，人若能與所居住的環境貼合，那即是好的風水。

例如，居住在寒帶地區的人必須注意驅除陰寒，引進陽光；反之，在熱帶地區的人就需要注意通風良好，來排除熱襲。所以，不同地區居民的需求是不一致的，也因此以傳統五行的方法，來觀察今日地球變動不拘的居住環境，在客觀條件上已經有其限制與不足。

也由於人生長在地球的大磁極上，人自身也因爲是小磁場之故，非常的敏感（如果人體不敏感，就不會產生所謂風水的問題了），所以尋找磁場穩定的地方居住，爲首要之務。

在觀測是否適宜居住，一般人會尋找所謂的風水師父，然而坊間的大師級人物所費不貲，且難以辨別眞僞。其實，身爲居住者的自己，可以嘗試以下的方法，自我判知。

我們可以在身上帶一個指北針，進入屋舍之後，到處走走，如果發現指北針轉動得非常厲害，這表示當地的磁場相當不穩定，一般來說，這不是合適的居住地。

或者在看房子的時候，帶著小嬰兒或寵物同行（尤其是狗）。如果一進入該地，嬰兒躁動不安，大哭大鬧，或是寵物有情緒失控、大聲號叫等異常行爲，亦表示該地的磁場混亂，將引人不安。

看屋的時間切記一定要在下午四點以前，最好是在早上精神狀態佳的時間，切勿在晚上看屋，這樣，對於周遭環境的情景，也就是所謂的「外風水」，方能夠仔細觀察到。

如果是以九宮格的井字，來判斷房屋的吉況，以井形嵌入與大門同座向的四方形屋內（口內有一個井字），如果廁所位於井字的中間，千萬不要考慮，這是住家房舍最忌諱的位置；以廁所的方位來說，立身在大門內「由內往外」望，右邊的位置較左邊爲佳，若是廁所位於左邊，則離井字中間的位置，愈遠愈佳。

一般生意房舍常有前門通後門的「一條鞭」格局，除非是做生意，居家環境最好避開此格局。

充足的陽光、空氣、水，是「風生水起好運到」的基礎。風水、風水，就是找到磁場穩定、陽光充足、空氣流通、水脈活絡之處，所以家宅環境一定要在通風良好、光線合宜、空氣順暢的地點，這樣住起來才會舉家平安，這是因爲心情滌暢、病菌不生、陰陽協調之故。

台灣的天氣在夏季時刻燠熱異常，現在多數的家庭都有冷氣，但多半時候窗牖緊閉，空氣凝滯，這在氣場的流動上極端不佳，所以每一天晨起，還是應當打開大門以及後門、窗戶，讓空氣對流交換一下，所引進新鮮的空氣以及氣場，有助於健康。至於，屋內總有氣息凝滯的角落，養一、兩株闊葉植物，會有助於氣場的轉換，植物的選擇以光合作用強著爲佳。

人因爲是一個相當敏感的個體，如果能夠細心的觀察，其實多少能夠依照直覺來判斷。例如當自己進入一個陌生地點，若發現心跳加劇，氣息不穩，有急著想離開的念頭，這個地方八九不離十，就不是你應當居住合適的磁場。

當然，也有其他的因素牽引著，有時「福地福人居」是另一種例外的情境。例如有某些人的磁場能夠鎭壓住特殊的地方，別人住不下的地方，他安之若素，不過這種現象畢竟是少數，有時還有許多內在因素的牽引，一般人切勿嘗試。

會受到紊亂磁場侵襲的人，一般來說都是磁場較弱的人。以文翠家中的案例，腹中的胎兒以及老父親就是典型的對象，一個尚在成胎，一位是老人家，兩者都容易接受干擾。也因爲磁場幼弱者不容易轉危爲安，因此，防杜勝於善後，千萬不要等到發生狀況之後再來彌補，因爲大多數時候已經是緩不濟急了。

倒是在經過這一樁過程，讓我反思，如何規避生活中無法預料的橫禍。「積善之家有餘慶」，或是「行善積功德」，有些人會認爲這是傳統中國陳腐的觀念，而我卻會想到人「一本初衷」的善心，在起心動念的當刻，已經爲自己種下未來轉換的福田。

文翠與她母親長期參與濟助貧寒的社團組織，定期捐獻，默默行善，她母女在這一場因爲風水而發生的傷害事件，是受殃最輕的，想來，難道不是因爲「善行善念」所累積「善磁場」的一個轉換與回饋？這就是善能量轉危爲安的力道。

絕大多數的人並沒有預知未來的能力，當自己處於生命進退維谷之際，無論是情感、事業、親子關係、疾病、遷徙等等事況，在難以解決、困惑的當下，往往會求助於命理、風水等，希望尋求解套的方法。

不過坊間所謂的大師們良莠不齊，據說神準的大師更是收費高昂，這對一般人來說，其實已經造成經濟上的負擔。而無論他們是透過哪種工具：紫微、八字、星座等，這些應說是累世統計數字的歸納，在判準上也的確具有某程度的意義。

不過，人生本來就有無限的可能，並不是如此命定，因爲一個人起心動念的本善、本眞，最能夠厚實磁場能量，幫助自己解厄脫困，有時插柳成蔭，生命就此轉彎，度過一劫。何況，再好的風水也需要結合良善的磁場，才不會「破格洩氣」，這是大自然能量磁罩的自動轉場，天理恢恢，從無例外。

第七章　從雪豹與斐力身上學的生命課題

我家有一隻芳齡十八的老狗，叫做雪豹，牠是我們到流浪動物之家領養過來的，陪著一雙子女長大，時至今日，已經垂垂老矣，眼睛老化長白內障，四肢骨質疏鬆且關節僵直，不良於行，但還是家中寶貝，我們從雪豹身上學習到生命的興衰、病痛，以及臨老需要親人照顧的尊嚴。

有一次雪豹走失，我大街小巷的尋找，焦急得睡不著覺，想著牠這麼老邁，又目不能視，腳跛毛脫，萬一被當成流浪狗，或是不小心在車道上發生意外，都是我的不捨與擔憂。隔天我還是在家附近雪豹時常出入的公園、巷道尋找，依然一無所獲，心中責怪自己不小心，讓牠脫繩走失。萬分沮喪的回到家中，居然聽到電話的留言，雪豹被一位好心人撿去了，萬分欣喜的與他聯絡，約好時間去接雪豹回家。

這位先生告訴我，他騎摩托車回家途中，看見一隻雪色但是老朽的狗，在馬路中間一直轉圈子，過往的車輛只是避開牠，他看著不忍心，停下車來想把狗移開車道，發現是一隻又老又盲的狗，看牠的樣子不像是在街頭流浪許久的狗，所以第一個念頭就是，狗狗可能因爲老朽，被主人棄養。

他心中有些氣憤，將雪豹帶回家，決定讓雪豹去做晶片掃瞄，看看主人會不會將牠領回去。所幸我這十多年都沒有搬家，其中有一部分原因也是爲了雪豹，因爲我們都知道牠已經無法熟悉新家的環境，也擔心萬一走失回不了家。那位善心人找到了我，我急忙與他會面，感激他爲雪豹的費心，送他一些小禮物爲他祈福，終於把雪豹接回家。

雪豹現在的身體機能更無法自理了，牠像老人一樣，大小便失禁，眼睛已經全盲，四肢如同罹患類風濕關節炎一般，嚴重畸形，每次帶牠出去散步，必須抱著牠從樓上下來，因爲雪豹無法上下樓梯了。

我們視雪豹爲家中的一分子。牠年輕時，盡力照顧家中安全，具有極高靈性的牠，知道誰是朋友、誰是不速之客。我喜歡收藏骨董，家中古物陳列，有雪豹在家，我們出外都相當放心。雖然今日牠不再英姿颯然、老邁龍鍾且瘦弱不堪，但牠永遠是家中的一員，尤其是照顧牠暮年的歲月，更令人反思生命的繁盛榮枯。

每個人都會衰老，雪豹今日的模樣，不就是未來我們黃昏時刻的寫照？我非常感激雪豹以其一生的歲月，爲我們上了生命的一課。

說起雪豹，讓我想起另一件與狗有關的眞實故事。牠是我鄰居一位經營早餐店家的狗，名叫斐力。斐力與雪豹除了毛色之外（斐力是咖啡色），無論是年紀、體型、大小、面貌、神態，連脾氣、靈性都一模一樣，早餐店的老闆娘美英也是在流浪狗之家把斐力領養回來的，我們常戲稱雪豹與斐力一定是同胎所生的兄弟。

與早餐店老闆娘美英相熟也是因爲斐力的關係。有一次，我到美英店裡吃早餐，無意間發現斐力，看見牠在一樓的樓梯口探頭探腦望著「媽媽」，但是不敢越雷池一步。我一看見牠，馬上對老闆娘說，妳這隻狗，除了毛色之外，跟我家的雪豹眞像雙胞胎。

於是我們就這麼聊起來，美英說斐力很乖，待在二樓，牠知道一樓是營業場所，所以不會下來，除非「媽媽」特許，這時候就是給牠一片火腿，讓斐力高興地上樓。

因著斐力，我與美英自然成爲朋友，我在她家的早餐店吃早餐，一吃就是七、八年，有時也會帶著雪豹去跟斐力玩，美英也會不偏心地給雪豹一片火腿，讓雪豹大快朵頤，兩隻狗因爲狗媽媽的關係，也成爲「兄弟」之交。

自從不再排斥自己特殊的使命之後，每一年開春之際，我都會準備一些加持物或是幸運物等，分贈給身旁的友人，求其趨吉避凶，這個動作在元宵節前一定會完成。我記得二

○○三那一年，還特別耳提面命提醒大家，除非萬不得已，盡量不要進出醫院。

二○○三年農曆春節過後的大年初六，我如往昔地到美英家中吃早餐。由於相知不淺，亦早算到美英今年恐有重大疾病，重則殞命、輕則難逃半身不遂，故開年後特地為她準備了一盞玉件的光明燈，對她說，她今年的磁場較弱，一定要特別注意身體，再三叮嚀她勿過度操勞，多吃薑母鴨、少進出醫院等。

與美英成為朋友，當然是雪豹與斐力為「狗媽媽」牽的線，不過漸漸地我也很喜歡她。美英雖然家庭經濟寬裕，但生活甚為勤儉，沒有一絲有錢人的驕氣，還獨立經營早餐店，每天清晨四、五點起來，就開始準備早餐，而且總是笑臉迎人，遇到需要幫助的人，也毫不手軟，盡力相助。

久而久之，她也逐漸瞭解我似乎有某些能力，於是，當知道有人需要幫助時，會熱心的介紹讓我認識，我也是盡其所以地提供協助。七、八年的早餐時間，成為我倆的最佳互動，也成就不少善緣美事。

那年三月我出國旅遊，回國時正是台灣SARS風聲鶴唳的時刻，好不容易經過各種檢查千辛萬苦地出關回家，因為心有罣礙，隔天第一件事就是到美英家的早餐店報到。奇怪的是，那天沒有開店，鐵門靜默，我隱約感覺到異樣的磁場。

吃了將近七、八年的早餐，已經成為生活的一部分。第二天，我還是準時出現在店門口，還是沒有營業，覺得有些蹊蹺。第三天，又去探了探，確定美英一直沒有開店。這下，我真的不放心了，特地走到另一位吃早餐的「餐友」鄰居家中，向她打聽美英的狀況，才知道美英中風了。

這正是全國SARS可能引爆社區感染的關鍵時刻，當時台灣已經有六百多人感染，八十一名喪生，美英這時住進醫院，正是醫院風聲鶴唳的時刻，因為醫護人員將大多的心力集中在支援抗煞的醫療行為中，像美英此種中風的慢性病患，一方面是因為需要復健，另一方面又沒有立即喪生的危險，兼之該醫院又是抗煞的醫學中心，所得到的照料自然就打折了。

為了希望美英得到應有的照護，我特地以美英的名義捐了一箱醫院急需的3D口罩，這是身為朋友的心意，我同時也祈求老天爺保佑這位樂於助人的好鄰居。

美英家中人口單純，唯一的小孩正在讀大學，在醫院中只有先生不眠不休的照應著，他們的狗兒子斐力就必須留在家中。

一天夜裡美英做了一個夢，夢見斐力哭喪著臉來到病床前。美英驚訝的說：你怎麼可以進來？這是醫院，又沒有人帶你，你是怎麼來的？只見斐力委屈的說：媽媽，妳回家看我好嗎？我快要憋死了，妳都沒有回來帶我ㄅㄅ。過去十二年，都是美英帶著斐力出外散步，順便ㄅㄅ。

有啊！爸爸不是每天都回去帶你出去ㄅㄅ嗎？美英回答說。但是斐力還是說著：我眞的快要憋死了！我要媽媽回來看我。

夢中的美英想著也許先生急著趕回醫院，所以帶斐力出去散步時草草了事，但是自己現在又不能出院，只得對斐力說：媽媽生病了，沒有辦法回去，媽媽也許快要死了，實在是沒有辦法回家。不行，媽媽不能死，媽媽一定要回家來看我。斐力把頭枕在床沿上，一臉的悲傷表情。

夜半，美英焦急得醒過來，等不及天明，就叫醒在旁照料的先生，一五一十地告訴他夢境。先生覺得美英過於思念斐力，而且美英現在尙且自顧不暇，何必想那麼多？美英堅持道，那麼我現在就回家去看牠。先生拗不過答應著：今天我就回去看看，帶牠去遛一遛、散散步，這總可以吧！美英這才放心。

等先生回去遛完狗後，回醫院時對美英說：我就說沒事嘛！斐力很好啊！妳不要東想西想了。

但奇怪的是，當天晚上，美英又夢到斐力。斐力一臉失望地走到床前，幽幽地對著她說：媽媽，妳不回來看我，我就快要死了，我眞的憋不住了。美英狐疑地接口道：爸爸今天不是回家帶你出去了嗎？但斐力依舊堅持著，不斷地說：媽媽，妳一定要回來看我，我快撐不住了。美英無奈的回答，我現在住院不能出去啊！只見斐力依依地就趴在她身上，跟她耍賴撒嬌，眼眶滿是祈求。

還是夜半，美英再次搖醒先生，對他說：我一定要回家，我又夢見斐力了，牠叫我一定要回家看牠。丈夫對她說：醫生不會准假的，斐力不會有事啦！都是妳在胡思亂想。

不行，我一定要回去，你不讓我回家，我自己爬也爬過去。美英非常堅持，而且拗了起來。丈夫無法，只得答應，也知道醫師不會核准，所以是偷偷地帶美英回家，心想，隔天再回來補請假吧！

那天，斐力見到美英回家，眞是欣喜若狂，膩在媽媽身旁，滿是留戀依情。美英看到多日不見的斐力安好，心中終於放下重擔，那一夜在家中，反是美英睡得最安穩的一晚。但是隔天美英又必須回到醫院，臨行前，對著斐力說：要乖乖，幫爸爸媽媽看好家。美英因爲中風，說話不是那麼靈光，不過她知道斐力一定心領神會媽媽愛牠。

傍晚，美英又催促先生回家帶斐力去散步，丈夫不希望臥病的妻子掛念，也急忙地回家。但是一打開鐵門，發現斐力已經往生了，四肢僵直的斐力，還是朝著醫院的方向升天的。一向敬鬼神而遠之的他，傷心地摸著斐力的身軀，才知道，那兩天，斐力到醫院央求美英回家，是希望跟媽媽告別，因爲斐力一直說，我快撐不住了。牠早知大限已到，要見媽媽最後一面。

美英的先生一反以前的鐵齒，將斐力帶到相熟的動物醫院，並且細心交代要如何處理斐力的後事之後，才回到醫院，心中想著不知道如何對美英說起。孰知，美英一見先生就說：斐力好嗎？我想牠已經走了。她的語調哀傷。

有人說，母子連心；其實即使是一隻狗，只要主人眞心地愛護牠、對待牠，牠也會感受到，而且銘記在心。如動物的狗對人類只有眞心，不會虛僞、狡詐，當一個人跌蕩失意之際，周遭的親友或許會離去，但是你曾經善待的狗，一定是不離不棄。這是斐力與雪豹給我的反思，我很感激上蒼賜給人類這麼一個忠實的朋友。

美英在醫院，過去不信邪的先生，盡心做好斐力往生的後事，他甚至爲愛狗立一個牌位，將牠的骨灰安葬在動物的墓園。斐力讓美英先生的宇宙觀重新洗滌一遍。

美英現在無法再經營早餐店，她依舊不良於行，說話也十分吃力，但是逐漸康復中。由於她一向熱心助人，愛屋及烏，我倆都心知肚明，她已逃過一劫。我跟她因爲早餐之便、「狗媽」之誼，彼此心照不宣，瞭解宇宙中有許多我們亟待證實與追索的奧妙。

幾年前，雙胞胎的哥哥在考大學之前，我與先生擔心他鎮日躲在家中讀書，無法舒動筋骨，所以在假日時刻，總是全家出遊，一起到戶外透透氣，順便一啖美食。

有一次，我們到富基漁港吃海產，飯畢時天色已昏黃，因爲車子停得較遠，所以一路散步而行，準備到停車場去。在臨進停車地點的土石路上，遠見一大坨黑色的物品，像是大卡車掉下來的東西，想著天色已晚，如果夜間開車的人不加警覺，可能會撞上，而發生車禍。

我們趨前，希望將這物品移開，近目一望，才知是一隻碩大的狗，體型有點像是西藏的獒犬。見牠四肢完好，卻似乎是經過強力的撞擊，內出血而死亡的。先生與雙胞胎望了望，三人就捲起袖子，希望將牠移到路旁。

沒想到牠如此的沈重，應有將近二、三十公斤，因爲四肢僵直如鐵，移動起來非常的費力，雙胞胎的哥哥還特地去找來一隻木棍，加上妹妹三人一邊拖、一邊用槓桿原理撥起獒犬的遺體，就這樣費了將近二十分鐘，才把牠挪到路邊的草堆黃土上。一向是菩薩心腸的先生，特地收攝心靈，爲獒犬助念往生咒，之後，全家才開車回家。

那一年，雙胞胎的哥哥如願考上心目中的大學。學校坐落山區，遠離塵囂，而且附近的大卡車頗多，所以當哥哥央求要買摩托車時，我極力的反對。不過年輕人免不了衝動與技癢，一次，他借同學的機車出外，在校旁的路上，居然被一輛大卡車甩尾掃到，連人帶車摔到路旁的溝渠內。

照理，他的傷勢應當很嚴重，我急急趕到醫院，還好，只是皮肉擦傷，哥哥裹了兩天紗布，就到學校上課了，倒是摩托車賠了七、八千元的修理費，可見撞擊的慘重。

心中感謝天神的默佑，讓哥哥平安無事。當時我腦海中很自然地浮起那隻往生在山郊野外的獒犬，心念突地一閃，祝福牠在天上體受諸神的慈悲垂憐。

也許眞是一念之善，解了厄、積了德，這些在自己的生死簿上將記載得一清二楚，因爲個人的行爲終究要自己承擔的。這不是迷信，而是天理昭彰，天下沒有白吃的午餐，任何行止，都有代價。

誠心待人，不求回報，是人性的光輝；以善念對待萬物，是慈悲爲懷的學習。所以一隻狗、一隻貓，都可以成爲涵養善心的根苗，挖掘人性中沈潛的眞與美。

第八章　爲無家的往生者所成立的善願小隊

二〇〇四年十二月二十六日，一場天崩地坼的大海嘯在南亞吞噬了二十八萬條人命，於斯里蘭卡就有三萬人喪生、數十餘萬人無家可歸，一個原本貧窮、有著虔誠宗教信仰的小島，幾乎泰半成爲鬼魅魍魎。

印尼的情況更是慘烈，有十二萬人殞命，島嶼型的小漁村幾乎全部滅頂。在祈福與感恩的聖誕節假日，在大家毫無預警、心境歡欣的朗天下，廣穹的大海卻是暗潮洶湧，拔高數十公尺的狂嘯橫掃過泰南、印尼，駭浪席捲，鬼哭神號，所到之處，幾乎無一倖免。

二〇〇六年十二月二十六日，南亞各國紀念大海嘯兩周年，依舊有萬人骨骸失蹤無法尋獲。二十餘萬個生靈一夕之間神銷魂滅，時間無法消弭大慟，生者含悲，親者哀泣，紀念會場一陣唏噓。

除了南亞貧窮鄉落喪生的村民之外，這一次大海嘯對一群繞著半個地球，來到南亞島嶼度假的遊客，一樣毫不容情。天災無眼，普世一致；無論貧困、富裕、東方、西方、男女、老少、宗教、人種，一視同仁的將之吞噬，將近三十萬個生命，就這麼在驚濤駭浪中，瞬間回天。

宇宙村的大大小小災難此起彼落，無論經過何種模式：戰爭、地震、海嘯、空難、森林大火、連環車禍；無論是人為或是天逆，往往是生靈塗炭，家破人亡。目睹災難橫生，許多人心中不僅疑惑，世間的公理道義何在？難道這就是世人所習稱的共業？我們必須肩負累世的罪孽，來承擔今日的苦難？許多朋友亦以此相詢於我。

我的認知卻非如是。其實生命的定義人間天上大是不同，塵世有限的生命在於呼吸停止，而永恆的神魂卻是生生不息。

上蒼有好生之德？

也許可用世間法來解說一些大家疑惑的現象。

舉重大傷亡的車禍為例，二〇〇六年十二月三日，台灣台南縣的梅嶺風景區發生二十二人死亡的大車禍，這原是學校的校外教學，一群跟隨小孩參與校外教學的家長與同車的兒童，在一道峽谷險路上翻覆，其中有十五人在緊急送醫時，已經死亡。

這場車禍究竟是天災或是人禍，其實並非重點，更不是所謂單一原因的共業，而是生命循倚中的起始或是結果。例如有些是新生的開始，因爲上蒼爲某些生靈進行小小的清理；有些在準備另一段因緣，因爲尚有其他生命的故事正待開展。所以，這其中有因也有果。

所謂天道有常，但卻有截然不同的樣態，同時呈現一體兩面的結果，讓我們自行反省。例如，其一若是「天地不仁，以萬物爲芻狗」，另一面向可能就是「上天有好生之德」，在同一場生死大事中，死者與生者的家屬，必然會有上述兩種不同的心境；不過這俗世的價值，並不等同於永恆的是非判準。

天地不仁，以萬物爲芻狗？

那麼世紀的災難，如南亞大海嘯又做何種解釋？

諸多生靈霎然殂殁，富者（例如自其他國家飛來的度假客）與貧者（南亞村落無法果腹的居民）交錯，死神對待他們的方式不因貧富而有差異，如此地一視同仁。遠觀的我們唯見飛來橫禍，怎知這不是天地相應的一次大清算？讓人類兩極化的距離（貧富之差距、貴賤的區隔），於瞬間重新翻動，讓塵世人間法無法解決的問題，自起始的源頭，一刀鍘下，為諸多無法翻身的階級，重新洗牌，甚或另有安排。

這到底是「天地不仁，以萬物為芻狗」，還是「上天有好生之德」？讓諸多無能解釋的世間相，來一場宇宙的清理？

當然應如何判斷，就各有智慧了，而以我們凡夫俗子的眼光來看，則更有許多足以解讀的空間。

全知全能記數生命面向

所以我說上蒼的判準與人間的善惡有著分野，人間法的標準因時地、文化而異。例如回教國家，婦女必須蒙面，她的面容只有丈夫得以端詳；而西方國家的天體營卻所在多有，無論男女，在天體營中袒裎相見，無所羞赧。以世間的價值來論，又孰是孰非？其實是無法定論的。

人類的智慧如同人類的生命一般，有其窮盡與限制，無論是泥於時代、環境、文化，所見者皆為單一視角，但是宇宙萬有的上蒼，卻是以全知、永恆的判斷來截度裁事，祂們有如飛鳥般鳥瞰人世，以全知全能記數生命的縱橫面向。

我們的呼吸停止了，所以肉體死亡了，一生結束了。但是對於俯瞰人間的祂們而言，此生的我們只是把無限生命寄放在有限的軀殼內。所以我們是以一小段、一小段不同的軀體，在不同時間中的串連。這可以用我們吃飯來比喻，飯桌上的餐盤，在一天當中可能盛放幾次不同的菜餚，出出入入，但儘管菜色更迭，餐盤依舊是同一個。

靈體就是如此一小段、一小段的加總起來，其累世所爲，在於累積自己不斷上升的能量，而期待有朝一日，回歸永生純粹。

簡單的說，每一場生命都是學習。但是學習不是無止盡的，也許你已經來了數十次，還是積習難改，所以上蒼也會做一次總清算，或是調整你的位階（例如，不再成爲尊貴的人身），給予其他的空間與任務。而何時是我們永恆靈體清算的時間，只有天知道，我們無從置喙。

人的觀點與全知全能「天」的判斷不同，這也是我們時見「天地不仁」或是「蒼天悲憫」的原因。

創造生命往上提升的善能

如果我們在世間的所作所爲，均在上蒼掌握之中，那是否意味著人類不必用心用力於一生的經營？事實又非如是，因爲上蒼所定的只是大方向，這一路上是清風相送，還是尖石磨腫，卻是人人輕重不同。

就是因爲不瞭解累世的來時路，更應該謙遜於今生的機會，因爲這可能是改變永生際遇的唯一變數，唯其如此，我們才有可能趨吉避凶，反璞歸眞。這也是我不斷重複提醒的，必須誠心爲善，蓄養自己的善磁場，當身旁磁場的氛圍純淨明亮，自然會吸引更多善力量的匡助，爲自己短暫的生命創造往上提升的可能。

幾年前與一群朋友成立一個非組織性的「善願小隊」，我們節約一些平時過多的消費，降低一些不必要的生活需求，每年兩次捐出一筆數目。我們主要的對象是那些家屬沒有能力爲他們安葬的往生者，爲其捐贈棺木、法事、牌位，讓他走完人生最後尊嚴的一段，也算善盡我們爲無形空間安頓的任務。

善願小隊沒有固定的組織成員，時多時少，端視其當時的經濟情形如何，但是大家都有一份誠心，希望克盡微薄的心意。最令我感動的是一群勞力階層，他們的收入原本低微，又有龐大的家累，例如有一些計程車司機，他們是兩百元、三百元大家一起捐。每一次自他們手中收到這些善款，我就有無名的感動，因爲這可能就是他們兩天的便當錢。

雖冥冥定數，容有轉寰機會

每年我們選擇不同的殯儀館將大家的善款捐贈出來。二〇〇六年選擇了台南，因爲我的「接收器」告訴我，台南這一年需要特別的關注，所以我與台南殯儀館有數度的接觸。這是大家的善款，所以我會仔細地與殯儀館的承辦人員聯絡，瞭解其處理的情形。二〇〇六年十一月中旬，我與台南殯儀館承辦同仁接洽，希望再確認一次捐贈過程與結果，以回應善願小隊的朋友們。他回答說，會在十二月初準備所有的文件。當時我信口道：不需要那麼快，到時候也許你們會忙不過來。

果不其然，十二月三日，梅嶺大車禍出現，殯儀館霎時兵荒馬亂，如此重大傷亡的往生者一起湧入，加上哀泣逾恆的家屬，殯儀館的工作人員根本無暇分心其他。

我的電波何以會有如此反應？難道冥冥中自有定數？

記得我在前面所說的，諸多大災難發生的因素嗎？它有各種不同的背景，絕非單一的因子，然事件過後，我們必須期待逝者如斯，天地包容；因爲一切的悲慟必須撫平、一切的因緣不必逃避、一切的結果順勢而去，但一切的開始還有機會。

我的電波也許只有一組密碼，我不是全知全能的上蒼，因之有許多狀況，我無法得到解答。不過我確定一件最簡單的事情就是，勿以善小而不爲，勿以惡小而爲之；小奸小惡會削減福氣，引來惡磁場，而小善小德會加總人的善磁場，吸引善知士。

巧合？天命？莫若行善

用心爲善不需要很多金錢，而是心意，如同善願小隊中那一群並不富裕的朋友，兩百元與三百元，就是他們劬勞臉龐下的善心。對於多數生活富裕的人來說，何論舉手之勞？只是輕如鴻毛的絹絲而已，唯其難得的是一份善心念。

富裕的人會不會擁有永久的財富？我無法回答這個問題，但我絕對相信樂善好施與富而不仁的人，其人或是子孫一定會有不同的天命。

沒有永恆的紅塵生命，因之也不會有永恆的世間相，無論是地位、聲譽、錢財，或是美麗與智慧；當塵世年華漸次老去、睿智與軀體不再靈巧，回觀此生，我們還剩下什麼？

台北縣、市的消防隊員在搶救了諸多的生命之後，幾乎每一位成員均固定的行善，因爲他們見過太多不可思議的事況。

例如台北近郊某一條溪及某一座橋樑，每年在同一天，都會有一位溺斃者；有時當日會產生兩位發生意外的人，無論是不慎溺水、自殺，或有其他因素，但通常會有一位往生、一位自鬼門關前搶救回來。

這是巧合或是天命？對於消防隊的弟兄們來說早已是見怪不怪，而對他們的刺激與影響則在於只要有機會，一定會盡力幫助他人，因爲無論是巧合或是天命，莫若行善而已。

第九章　找大樹爺爺轉換磁場

在前面說到了渡船夫阿德的故事，我還記得當第二次特地去找阿德時，他告訴我，已經辭掉了工作，遠離擺渡的生活。那一天，我們在岸邊聊了許久。

他說，如果是以前有人告訴他，這幾天運勢不佳，必須特別小心，他絕對不會相信，但是那一天黃昏時刻的經驗，讓自己怵目驚心，他知道這一場鬼門關前的徘徊，隨時都有可能進入枉死城。

阿德告訴我，那一天睡在船上，不斷呼喚他的是一位稱兄道弟的好友，這位朋友依舊健在，如此熱情的呼喚他一起狎酒小酌、聊天排遣，眼見浮雲如棉，心情正是起伏，眞的差一點就往下一翻，到水底做水鬼了，如果不是媽媽那破鑼嗓的叫聲，聲聲呼叫他回家吃飯，一條命已經往地府報到。

這是阿德劫後的話。我想著，就是老母親這麼一聲一聲的召喚，因為慈母愛的磁場最強，讓他度過大難關。

無論這是一場抓交替，或是水靈的惡意侵犯，阿德當天會成爲對象，就在於他當刻的磁場最差，心浮氣躁，而一個人在此種情境下，最容易產生錯置的行爲。

生命有高潮低谷，不是日日順遂，所以當有一天你的磁場紊亂、心緒不佳時，假設又恰巧在容易出事的地方，這時意外發生的機率就相當高，因爲這是靈能侵襲的最佳機會。

最奇怪的是，平日怕水的人會去親近水、懼高的人往高處爬、怕火的人跑去玩火、而嬌小的人懸樑。這些都不是他們往昔的行爲，也所以遺憾若是發生，常常令人不解。

人在心神不寧、磁場不佳之時，非常容易招惹異常的靈能，進而導致意外。阿德就是一個實例，當日他差一點聽從幻象，翻下船去的另一個因素是，在水域呼喚他的是仍在世的好友。

這是靈能獨特的力量，它能僞裝成各種可能，來吸引你進入，如果不是阿德親身的經歷，一般人也難以瞭解當磁場受到干擾之時，可能發生的異常現象。

即使是我自己，也會有磁場遭受到干擾的情況發生。

前一陣子，繪畫教室需要一位助理教師，我通常是利用周末進行行政庶務，因之應徵的時間安排在周末，那一天我的行程安排是，應徵完後與家人一起到國家音樂廳聽音樂。

第三位應徵者一進入教室，我即有不尋常的感覺，當時是下午五點三十分，時間上有些匆忙，我一邊翻閱他的履歷，一邊分享他學習藝術的過程，因爲是上了一個下午的課，已經覺得體力不繼，這時候，又更加地不舒服。

應徵完之後，我開始嘔吐、打嗝、胸氣窒礙，匆匆地趕回家，心想今天的音樂會是聽不成了。不過因爲已經與一位繪畫老師約好，而且門票在我這裡，無論如何也要趕到音樂廳。但是這時候的我腦海一片空白，神恍識亂，連一口東西都吃不下，心中雖然不敢過度肯定，不過已經察覺是在應徵時出了狀況。

我渾渾噩噩地來到音樂廳，將門票交給同事，隨著人群進入音樂廳，才聽了一段序曲，就走到門外，因爲這個時候的情況更是不妙，我的腦細胞猶如凝結成塊，就像麵團一樣唏里呼嚕，胃囊一陣陣地痙攣，根本無法專心欣賞音樂，只好走了出來。

坐在音樂廳廊外的休息椅上，我只能透過電視螢幕聆聽演奏，音樂廳的服務人員一再來催促我說，小姐，如果妳再不進去，開場之後就不能進去了。我回答道，對不起，我身體很不舒服，就坐在這裡聽吧！

這一場音樂會，我成爲最佳守門人，直到終場，幸好當天有先生相伴，若由我獨自開車，還不知會發生什麼意外的事情呢！回家之後，我走到家附近的校園，決定找一棵大樹換換氣。我平常都有固定的「大樹爺爺」（固定的樹種），樹身大於雙手環抱，通常選擇松樹、柏樹、樟木（千萬不要選擇榕樹），然後定靜心神，希望大樹爺爺幫幫忙。

這時我會默念著：大樹爺爺，我今天能量不夠好，請求跟您換換好的能量，謝謝大樹爺爺的幫助。於是我雙手張開如雷達狀，兩隻手平放在靠近樹幹約莫三公分到十公分的距離，心中冥思大樹爺爺將乾淨的能量自頭頂灌下，而不好的能量自腳底排出。

每個人都會有能量衰弱的時候，如果你願意嘗試，找大樹爺爺轉換磁場，是一種做法。想想，如雙手環抱的大樹，大約也有數十高齡，它們擷取陽光的能量進行光合作用，自身就是一個非常好的能量場，尤其是我前面所說的松、柏、樟樹，磁場強而乾淨。

或許第一次試著汲取大樹爺爺的能量，你會沒有感覺，藉助冥思是一種不錯的方法。當你感覺大樹的能量自頂輪注下，漸漸地會發現肚臍丹田處逐漸急速地跳動，當有這種感覺時，換氣的運行已經開始了，你可以持續進行，一直感覺到身體舒適爲止。

那天從國家音樂廳回家之後，我用了將近半個小時時間，才將身體的能量調整過來。隔日晨起，依舊疑惑於昨日何以有此種異常的反應，於是將應徵的信函再仔細看一遍，才訝然發覺，昨日第三位前來應徵的教師，星期假日在殯儀館兼差，他除了繪畫之外，尚嫻熟於嗩吶演奏，所以星期假日爲往生者吹奏終壽的送行音樂。

我一閃而過，怪不得昨日在應徵他之後，身體隨即發生異樣，原來我的能量場受到了干擾。

人是生存在三度空間下的生命體，宇宙的循倚在此三度空間中自如運作，我們對於時空的奧祕所知有限，我也是如此，與一般人最大的不同在於，多了能夠接收到空間訊息的能力，這份能力讓我敏感與警覺。

當然多數的人不會有如此細微的覺察能力，只能用一般的狀況加以辨識。例如，你可能覺得近來心情煩惡，頭昏肚嘔，甚至有悲觀的念頭，這時候千萬不要接近危險的地方，例如水邊、懸崖、高樓，或是一個人窩居在斗室抽煙喝酒，這只會讓你的情緒更糟、磁場更亂。

除了親友或是醫療的幫助之外，也可以親近大自然，例如跟大樹爺爺換氣，讓你的能量場恢復正常。或是到山頂、海邊吹吹風、換換氣，或撿一顆長期曝曬在陽光下的石頭，放在身邊。這都是我們隨手可得的大自然能量場，它能夠調整你的能量，重建渾厚的磁場。這種道理就如同過去中國人配玉、現代人戴水晶一樣，是大自然送與人類的一份禮物。

樹、石（玉、水晶等）聚氣，在於它們的壽命比起人類高出數百，甚或數千。無論是一株百年樹齡的高木，或是千年孕育的石材，它們與宇宙互動的時間比人類長，所容受天地的變化，百世而如一，拙樸如木、不動如石的它們，與人類靈動的心思不同，其生生不息的氣場單執而固定，所以可以成為幫助我們的力量。

中國人說雲蒸霞蔚，說的即是動態的氣場變化，想來雲的煙氣蒸騰，霞的紛貌嫋嫋，這些都是活潑的氣場繚繞，在湮濛氣動下所產生的美景。

一般人當然不容易察覺到氣場的繚繞變化，我的經驗是，當氣溫乍暖還寒的時候，在松柏的林間，比較能夠看到氣場的流動，因為這個時刻正是松柏爺爺們調整體溫、吐納吞息的時機，那氣息的流動是如此地潺潺不息，此時，若是置身其間，會有著氣體飛揚的感覺，非常的暢快。

在樹氣的盤旋、蒸騰、飛舞，以及內外的交替流動之際，是淨化一個人磁場的大好時刻，如果能在此刻與樹氣交應互換，不僅強化了自己的能量，也能淨化心腸，吐出胸臆那罣礙之氣。腦海若是清滌乾淨了，淨化的磁場也容易接收到潛意識內直覺的訊息。

上天給我們非常優厚的潛能，端看自己如何去開發以及挖掘，潛意識中的直覺，就是一個最直接的感應。但是隨著人類理性教育的薰陶，以及成長環境的科技化，我們太容易仰仗現代的工具，而漸漸地丟失了潛能。

舉一個最實際的例子，算術中的加、減，為算式中最簡單的，我記得在電子計算機未發明之前，無論是購物或是買菜秤斤兩算錢，多數人是分毫不差。有了電算機之後，因爲的確太好用了，在過度仰仗形成習慣之後，大家的加減能力就漸漸退化了。這種情況不只是我，相信有許多人跟我一樣，若是少了電算機，有時還眞不方便。

中國的哲人莊子就曾經說過，後世必有因機巧而害其身者。莊子所謂的機巧就是不斷進步的工具以及器械，這些會逐漸侵蝕到人的深邃思維。而人類的深邃思維是什麼？求其反璞歸眞罷了！讓每一個人可以用最眞摯的心靈，與天地呼應。

「蓄積善能量、陶養善磁場、回歸眞璞心、感應天地氣」，如果我們能夠在塵擾中，將這四句話作爲激勵生命成長的座右銘，我們將能開發更多身體的潛能，而能夠時時反躬自省，尋找最眞實的自我，活得坦蕩無憂。

第三篇

善願自救

第一章　烙下紅塵美麗的休止符

最近讀到一本有如魅影般帶著哀傷調性的小說，作者爲一位美國新興的女性作家。故事的情節匪夷所思，一位思念妻子的語言學教授，居然突發奇想地希望教導家中的狗說話，原因無他，因爲他心愛的妻子毫無預警的自家中的蘋果樹墜下，當場死亡。他希望知道妻子爲何會爬上如此高的蘋果樹，而妻子的殂逝爲意外死亡？還是蓄意自殺？

當妻子墜下倒地時，家中闃無一人，唯有一隻嚎叫的狗嗚咽地面對主人，所以他決定訓練這隻狗說話，以還原當日妻子墜下與死亡的情景。

這本書我一直無法讀完，不是因爲情節詭異，或是作者的創作缺乏新意，而是感受到書中對未知世界探索的渴望。這探索並非那隻是否會開口說話的狗，而是面對大家均不瞭解的死亡，以及企圖追尋死亡眞相的過程。這似乎是世人最希望瞭解的神祕世界。

生與死的意義若何？絕對因人而異，不過在個體生命起始，精子卵子結合爾後，未來的歲月無論是顯赫或是衰敗，平順或是顛沛，一生一世就是一生一世。行進人生之間，走過人生之後，細數曾經流光，這生涯的紀錄，讓我們學習到什麼？我們又要活到哪一刻，方能褪下生命舞衫，讓生命榮枯歸於塵土？

難道，生也有天年？海峽兩岸知名某富豪，在短短三年之內喪失了最摯愛的兩位家人，如斯巨大的財產又能彌補多少？如果能讓時光倒流，他又將如何選擇？

一生的歲月要怎樣才活得夠、活得有尊嚴？高壽是否幸福？如果每個人均有其天年，那生命的句點應在哪裡，才算是善度天年，有善始且有善終？

撰寫這篇文字的前一夜，我做了一場奇特的夢。夢見一位坐在輪椅上的老人家，她面對著我，但整張臉藏在光影下，我往前走去，突然間她與輪椅一起倒地，瞬間粉碎，爾後化做白煙一縷，絕塵而去。輕煙裊裊，光影繚繞，朦朧深處，她那鶴髮蒼顏的童真笑容，對我粲然一笑，笑顏中滌除了歲月的負荷，就像小孩一般，了無牽掛，歡暢遐飛。

是一場奇異的夢境。這幾年我已經沒有詳細看報的習慣，但是那天清晨，無意間在早餐時讀到一則新聞，時間是二〇〇六年五月三十日，報上記載台灣最高壽的人瑞於昨日去世，得年一百零五歲。我想起昨日夢境中那一身矍嶙的身影，在將明未明天色下，回眸一笑中的那份童顏與解脫，想著她終於輕快無痕的走了。

當然，恁誰也無法相信這一位高壽的人瑞來與我辭行，我亦不能妄自語狂。只不過如此的一生一世，高壽亦罷，短夭亦罷，如何來衡量生命的短長，而讓自己賦予有生之年，具價值與有意義的一生。

現在，我更想問，人的一生要活多久才夠？我們又有多少歲月可以創造自我的價值？有價值的一生，暢活天壽足矣。而天壽又是什麼？

孔老夫子說，三十而立，四十而不惑，五十而知天命，六十而耳順，七十而從心所欲不逾距。古諺有人生七十才開始；在醫療衛生環境先進的國家，人類的平均壽命逐漸延長。以日本爲例，其平均壽命已經超過八十五歲以上，而台灣的女性爲七十九歲、男性爲七十四歲；平均壽命的延長已成爲國家進步與否的重要指標。

然平均壽命的提升，是否意味著每一位黃昏老齡，都擁有健康與具品質、尊嚴的生活？以下，則是我所知有關人類天壽的意涵。

天道有軌，循倚有節，自然的行進。在此自然的法則下，日月星辰、春夏秋冬、陰陽晨昏，有節有序地運行不輟，因此有繁盛榮枯、有生死存亡、有分合離聚、有生命替續。

每個人的生與死爲既定的法則，天道賦予的壽命，更有著智慧與期許。人的一生以歲月計，六「奇」齡爲最佳的狀態；「奇」音ㄐㄧ，一奇爲十二，六奇爲七十二。人生七十，生命自此圓熟而滿盈，體力尚強健，精神亦昂揚，然於此生理與心靈的熟點上，生命自然會往下滑動，爾後，已經是夕陽無限好，只是近黃昏的流光了。

我們的第一奇齡，爲生命學習、育養的階段，這時我們尚不能獨立，必須仰仗父母與師長的照料與教育。第二奇齡爲生氣昂然、青春正盛的二十四歲，以現代人受教育的年限算來，才剛自大學畢業，每一個人尚汲汲於生存、獨立，遑論立定生命的目標。

到了三十而立的第三奇齡，賴以維生的工作或已逐漸上軌道，這是人生的重要養成期，由童頑小兒成長而至獨立，爾後尋找伴侶，孕育下一代，大約均在這段時間擘劃出輪廓。第三奇齡爲結合前二奇齡，所有學習能量的重要階段。生命不容再蹉跎、探索，成熟的我們早應振翅前行，在廣闊的天地確認自我的方向，穩健地往高峰攀爬。

人到第四奇齡的壯盛歲月，也是耕耘播種的最佳時機，聰明的人必須善加運用這段人生的黃金時期，毫不懈怠的努力耕耘，蓄積生存的能力與條件，建立更上層樓的謀生技能，進而瞭解社會脈動，選擇生涯沃土，以能穩健的跨入下一個十二年。

生命走到第五奇齡，一個人的成就、顛沛與否，已經可見端倪，這時應當是準備秋收貯藏的時機。此際，兒女已漸成長，生活亦步入穩定，生命從巔峰逐漸踏入圓熟，情感與理智的判斷能力井然無惑。

於是，重新思索幽忽來時路。有許多人在人生的秋季，進入奇妙的生命探索，或是以宗教、或是其他非宗教的互動團體，甚或是透過西方傳統的靈修、東方古老的禪坐，來洗滌身心。這些行爲與舉動，無非是希望一窺生命之鑰，得以直叩來時的奧祕。

之後生命的冬天到臨，過去人們只要進入六十歲，在經濟情況允許之下，所謂的「老者」會主動爲自己準備壽衣以及壽材，這就是中國人所言「老有所終」的概念。然而，認知生命停擺是常識，如何面對死亡則是智慧。不過，這一點在醫學科學發達的今日，反而引起了諸多的爭議。

醫學科學的發達延緩了人類的壽命，現代醫學在某程度上能夠有效地對付疾病，減低人類的疾病痛楚，不過當人體機能逐漸老化，某些急性或是慢性疾病不斷侵蝕人類健康，而醫療行爲難以因應時，仰仗醫療儀器等維生設備，來維持生命的做法，成爲現代人面對生與死的十字關卡。

在這段生命與死亡拔河的角力戰中，如何選擇生與死？每個人的答案不盡相同。

一位患有心臟疾病的老先生，數次進出加護病房，醫師爲了拯救他的生命，必須插管仰仗呼吸器維生，而就在轉出加護病房的前一天，醫療團隊準備進行手術的前夕，老先生趁著醫護人員不注意時刻，自行拔管，結束了他的生命。時間是二〇〇七年歲末。

這一個意外的醫療事件，讓醫護人員惋惜、驚愕，同時也引發社會大衆的討論，大家集中在生命的尊嚴以及活的品質上，切中的剖析，因爲多數人會問道，如何活才有尊嚴與價值？

老先生事件在媒體披露，也點出老齡社會來臨的今日，其實我們每一位都應該思索，未來若是病榻纏綿之際，當下自己的決定，以及如何面對生命即將終了的事實，因爲，我們要怎麼活，才算活得值得？

如果老天計算人類的天壽爲六奇齡七十二歲，但有人高壽，有人短夭，有得齡過百者，亦有年少即逝者，原因各自不同。中國人說，積善之家有福蔭，或是禍延子孫等，這的確有血脈傳承的影響力，不過最重要的還是自己的素行所爲，以及心念心性。

因爲自我的善心善念，將會指引生命藍圖，往更好的方向發展。例如，你只不過撿了一根香蕉皮，但是這根香蕉皮有可能因爲免除一位路人跌傷，引起家計生活困頓，你因萌生善念而救了一家人；或許你每個月花數百元認養一位貧童，但是已幫助他免於困頓，能夠接受教育，進而改變了他一生。

這些均是舉手之勞，唯善根已種、善念持盈，也許你認爲它並不能爲你延壽或是免於病痛，然在面對生死關卡之際，或許自會豁達許多，這便是你日常所累積的善能，它讓你具有能力去面對生死大決。

老天予人寶貴的生命，為在人間世需要每個人的投注與關懷，與學習面對生命各個階段的負任與使命。

我無能理解所有人對生命的看法，只能就我所知，傳達某些訊息。畢竟，上蒼賦予人類高於其他動物的智慧，擁有自由意志來選擇自己的一生，因此，除非是不可逆料的事件（如大災難發生引起諸多的死亡），每個人都應當竭盡其力，寶愛自己的生命。而我，也想分享一些思考。

人要活出意義以及精神上的豐足，身、心、靈三者的諧調非常重要。所謂「身」，即是健康的身體、活絡的筋骨，讓個人擁有自我的意志與具有自由行動的能力。而「心」，當然是正常的心理，在這裡更意涵著大腦活動的智慧與能力，所以我們方能夠隨著社會的替異變遷，培育良好的調適能力，來優遊地生活。

「靈」的解釋則更深刻了。它是人類身、心最終的目標，人必須要身、心相諧，去尋找屬於生命中最初的靈光。一般人對於這一個字，有各種不同的定義，它可以是靈魂、是神識、是being（哲學上的存在、本質、本性）；其實生命中最珍貴的就是來自無始無終的存在能量（being），因為壽命有限，往生爾後，我們還是要返回「靈」的原鄉，清點此生的紀錄。

身心靈三者而一，是生命中最奇妙的組合。人世活到七十以上，身體已經步入衰敗，但心理卻最是通達歷練。弔詭的是，成熟的心靈這時反而無法有效地指揮身軀。老者其實是人類最弱勢的族群，因爲他的前景就是死亡。我們常見善心的人士認養嬰兒，卻不見認養老朽，因爲前者還有無窮生命的希望，後者卻在等待黃土一把。長江後浪推前浪，原本就是生命生生不息的定律，在物競天擇的物種競賽中，老而頹敗者絕非壯盛青年的對手。

可以想像這時老年人生活的苦況了，如果再加上久病纏身，那更是慘痛。此刻心理已經指揮不了軀體，神識又期待尊嚴地養老，希望自然的回歸天地，這三頭馬車在體內竄動，即令還沒有到「久病床前無孝子」的情況，老人家已經煎熬著身體的現在與未來。

我希望自己活得身、心、靈一體而強健，我期待在七十二歲生命終止之前，就能夠活出燦爛的一生，爲人間世留下生命的見證，讓我的紅塵之旅劃下美麗的休止符。

我會仔細交代身後之事，告訴子女，其實我已經準備好面對生命這莊嚴的一刻，我並不畏懼，因爲我知道來時路與歸去處。

以自然的眼光對待死亡、以身心靈的概念評估生命、以美的價値觀重塑死神的降臨、以六奇齡來檢視自己的一生，在不戕害自己的原則下，當留即留，當去即去，自然地劃下了無遺憾的一生。

天使語：

人生在世每個階段任務使命各有不同——

第一奇齡：出生、養育、成長。

第二奇齡：包含求學生涯的各種學習，以及面對困難的態度。

第三奇齡：規劃人生方向，獨立、成家、承擔責任。

第四奇齡：邁向成熟穩定，並育養下一代。

第五奇齡：事業、智慧逐漸攀向高峰，心胸漸開，思及利人及回饋。

第六奇齡：老有所終，體認並學習「當留即留的尊嚴」，「當放則放的完美」，便是生命「生生不息」的智慧定律。

第二章　如何培養你的貴人？

一宗社會案件，破案的關鍵據說是因爲一位善觀前世因果之人，提供有用的線索，因之這宗大動社會視聽的殘忍凶殺案得以偵破。

我相信他是一位具有善念的通靈者。而中國人前世今生、因果循倚的說法，也因爲這一宗駭人聽聞的綁架凶殺案件，再次受到普羅大衆的重視。

有一陣子，所謂的「觀落陰」以及「問前生」的風氣大爲流行，有許多人想知道祖先往生之後的「去」所，以及今生自己到底帶來什麼「果」，甚而覺得自己的運命跌宕坎坷，所以希望藉此瞭解，進而疏平心緒。

也許問前世因果對於多數的人來說，還是有心靈上的平衡作用，但是，我卻鮮於去詮釋前世今生的因果錯落。因爲我認爲，每一個人均背負著學習的業力來到人間，我們除了要掃除累世的積習之外，還必須培養自己向上的能量。如果說，「來時路」的因果難以改動，那麼我們更需要改變自己的「去向」，才有機會不再墜入因果循倚之中。

我在前面的篇章中談到了如何培育善根善念，現在不妨倒著來說；當一個人需要協助時，若有人出手相援，我們會說他遇到了貴人。貴人是善循環一個非常重要的角色，有貴人相助，也許就可以大事化小、小事化無的安度關山。但是，這位貴人從哪裡出現呢？是你累世的善因，今日得到天大的善果？然，除此之外，還有其他的因素嗎？

我們不妨先界定一下貴人的定義。所謂貴人，就是在你需要幫助時，願意出手匡助的人。所以一般人會認爲有貴人相助，主動權在「他人」（即貴人）身上。其實，這是常人的誤解。

我身旁就有一個眞實的例子。我的一位朋友在醫療器材公司任職，爲業務部門的經理，身上擔當著重大的銷售責任，他所在的部門有兩組團隊彼此競爭。另一個團隊的經理是一個工作能力極強的主管，他事必躬親，對業務人員的要求嚴酷無情，屬下一不小心，或是業績稍有退步，往往被罵得體無完膚，毫無尊嚴，尤其是對新人，更是不假辭色，常以負面的評價貶之毀之，讓部屬難以消受。

反觀友人的領導風格則是以提攜教導爲主，他自己同樣是衝鋒陷陣的主管，然喜與人爲善，對於新人，更是有耐心，即使屬下有誤，在督促之餘，尙留轉寰餘地。而他的業績也不遜色，業務部門的兩個領導人，待人處世完全不同。

他們的業績其實是平分秋色的，因爲業績優良之故，公司舉辦旅遊活動，招待整個業務部門到中部風景區度假數日。

歡樂的旅遊因爲一場車禍而產生變故，兩位主管坐上公司的小巴，其餘的員工則坐在遊覽車上，也許因爲公司的司機山路不熟，在夜黑風高的山路彎角翻入山谷。

這輛小巴連滾帶衝地撞上山谷巨石，車毀人傷，大家好不容易將司機及兩位主管扛出車外，我的朋友傷勢非常嚴重，另一位主管則幸運地只是皮肉擦傷。在等待救護車的第一時間，這些具有醫藥背景的同仁，大家接力地爲我的朋友進行CPR，傾全力救他，終於在黃金時間內將他送往醫院，連朋友的RH血漿都有（因爲其他部屬也在同時間通知醫院，必須準備RH血漿）。手術後的友人大難不死，能夠撿回寶貴的性命在於業務部的同仁們齊心協力地救他。

另一位原本無大礙的主管卻意外往生了。也許因爲當時大家認爲他只是皮肉擦傷，傷勢並不嚴重，兼之他平常的人緣差，大家避之唯恐不及，所以眞的就將他忽略了。不幸的是，他因爲感染土壤內的破傷風菌，送醫時也沒有特別注意，待醫師發現之際，使用抗生素已經來不及了，使得原本傷勢輕微的他平白葬送了生命。

這一場車禍是因或是果？其實，它可以是因，也可稱之爲果，端視自己以何種角度詮釋。所以，因果論在此並不重要，重要的是，我的朋友因爲有「貴人們」相助，而能脫災免厄，硬是從鬼門關前走了回來。

而這一群貴人願意主動伸出援手，眞正的邏輯又在哪裡？爲什麼另一位主管就沒有這麼幸運，反而魂飛魄散地進了枉死城？

那是因爲友人平日善待部屬，敦厚對人，他爲自己創造了日後出手相助的貴人。

許多人大嘆，一生艱劫沒有貴人扶助，常常怨懟前生爲惡，今生來報。如果你有此種悲情，爲何不以積極面來思考？因爲你的貴人未必來自前世，反倒是在你最需要的時刻挺身相援；這位貴人絕非平空而降，他就生活在你的四周。

那麼，這時候就可以平心靜氣的反躬自省，自己願不願意讓別人成爲你的貴人？如果你願意，事事爲人留有餘地，理直而氣緩，千萬不要理直氣惡，尊重他人的不得已之處，體恤人皆有差異的特質，以同理心設身處地理解他人處境的艱難，這樣，你已經在無形中灑下善的種子，累積了日後讓你受惠的貴人。

所以，假若你希望有貴人扶助，那麼，重點在你要不要「培養」你的貴人。這種效應，如同打迴力球一樣，你用了多少力量，球會用同樣甚至加速的方式迴向你。如果以投資報酬率來說，這是一個對自己一生是否峰迴路轉的最佳投資。

還有一個記憶中的例子。在我的老家，遠近都是同族的親戚住在祖先的土地上，有兩個人家雖然是遠親，但一向不睦。這兩家，一家只住著一位老人家，另一家則只剩下年輕人，因為長遠的不合因素，所以極少來往。

一次，隔開兩家的圍牆壞了，年輕人請工人來修理，不過卻是有意無意的將圍牆往老先生家移了近尺的土地，這位年輕人養狗，希望自家狗的活動空間大一點，所以算是侵占了別家的地。鄰近的親族見到，覺得有點過分，也打抱不平地對老人家說，這個年輕人做得太過火了，應當跟他理論、理論。

平常時刻，兩家是不來往的，而且斤斤計較，這一次老人家卻說：沒關係啦！反正這是祖先留的地，我的歲數大了，隨時會走，要用就讓他用吧！一句話輕輕地帶過，當然就小事化無了。

過幾個月，老人家接連兩天沒有出來曬太陽，鄰家的那隻狗，一直對著圍牆狂吠，還不斷地往圍牆衝去，年輕人覺得事有蹊蹺，鼓足勇氣往從未踏入的鄰家一探，原來老先生跌倒在地，已經奄奄一息了。他緊急打電話找來救護車，送老人家進醫院，所幸即時發現，救活了，讓這位老先生健康地多活了五、六年，當然自此兩家不再是相見如冰了。

巧合的是，那一天年輕人急電一一九，在等待救護車前來的空檔爽約，他的麻吉卻因為去KTV爭停車位，與人發生肢體衝突，被打成重傷住院，出院迄今不良於行，當然年輕人因爲等待援救老人家，也逃過了一劫。

會有這麼美好的結果，只在於老人家的善心一念，結果連狗兒都插上一腳，趕來幫忙，眞是善念善果，皆大歡喜。

過去在禪學上，有一段非常有名的公案。一隻黑羊與一隻白羊，一起走在獨木橋上，但這座獨木橋只能走一頭羊，試問，到底應當讓黑羊先走，還是白羊先走？

我不知道禪修者如何詮釋這題公案，但是如果由我來回答，我會說，我不會讓這種事情發生。其實，只要一邊的羊不上橋就沒事了，因爲無論是黑羊先走或是白羊先走，最後兩頭羊都會到達目的地。誰先來後到有何差別？何必爲爭一條路而兩敗俱傷？

這只是心念一轉的瞬間而已，然在這一瞬間，我們就有機會創造美妙的結果，只不過一般人大多忽略了退一步海闊天空的奇妙力量。

我們常說，每個人生來所帶的「福袋」不同，有人的福袋也許是斗升千餘、貴人數十；有的卻囊瑟蕭條、一生清癯。但是即令每個人有不同的福袋，這些福分都會用罄，如果自恃天生命好啣著銀湯匙長大，若這些福命不再添加，用完了就是用完了，沒有人可以幫你加上去，除非你自己願意添福添分，爲自己的福袋加分。

古諺有云：伸手不打笑臉人，善待人者，人善待之。平日爲善，起心動念而已。富者捨財、壯者捨力、貧者捨心、老者捨慈，每一個人都能發揮愛的能量，用心用情用眞去待人。這時候，何愁貴人不來，福分不添？每一個人若是能即知即行，善念的磁場將圍繞在四周，我們的福袋也會越積越滿。俗語說，三十年風水輪流轉，其實不也是一個暗示？

天使語：

常常反省自己，並換個角度思考看看，以設身處地的同理心，為對方想一想，如此便可減少許多爭執與不快。常說：「麻煩您了，謝謝。」這是職場工作，甚而居家生活氣氛的芳香劑，畢竟沒有人「應該」為你做什麼。忘掉「理直氣壯」這個名詞。世界變化莫測，但你得到的必是你曾經「有意」或「無意」間的付出（善惡皆是）。從今天起，不經心的做些小小的「舉手之勞」，為自己的「福袋」加分，也能培養善磁場。

第三章　五斗櫃的金鐲子

雙胞胎妹妹與我同住在工作室時，是母女倆生活最困苦的時刻，那時我是錙銖必較，身上的錢每一分每一毫都鎖得緊緊的。

我連吃飯都精打細算，一頓飯不得超過六十元，雖然在教室中光鮮體面的教畫，不過因爲剛創業，以及工作室壓下的資金，我們眞是胼手胝足，大家均刻苦的生活著。

工作室旁有一家著名的連鎖餐館，生意興隆，我鮮少光顧，但是總有機會經過。有一段時間我時常有意無意的路過餐館，但又急急的走開，心中一直想擺脫那說不出的知覺。

一天中午，較晚下課，信步走到最近的這家餐館，叫了一碗麵，我身上帶著一千元，邊吃麵食邊盤算，口袋中的一千元扣除吃麵的五十塊，加上明天要包的六百元紅包，還剩下多少錢能支應到下一次學生的學費。

吃完後，到櫃台結帳，手中拿出一千元付給站在櫃台內的老闆，奇怪的是，老闆只找我四百五十元。我急忙說道：「老闆你找錯了，我剛才給你的是一千元。」

老闆是一位將近四十歲的粗壯中年人，他的嗓門極大，看著我，口氣不善的回答：「誰說的，妳剛才給我的是五百塊。」因爲我確定身上只有那一千元，所以十分篤定的再說：「不對，我眞的是給你一千元，你弄錯了。」

他眞是急躁的人，這時非常不客氣的大聲回應：「五百就是五百，怎麼會變一千？妳不要硬拗了，明明給得是五百塊，還要耍詐，看妳穿得人模人樣的，這麼不講理，難道我還會誆妳嗎！」一句又一句大鑼嗓的回話，讓洗碗的廚工也加入了陣仗，那廚工不分青紅皀白插嘴道：「妳這個小姐也太不講道理了，吃了麵還要夾帶，難道我們店還要倒貼不成？再鬧下去，我要叫警察了。」

一句句不客氣以及貶損的話，讓我氣咽難消，但是又不能一直在那裡僵持著，我噙著淚水，氣憤難平，對老闆說：「我沒有要誆你，你自己心裡明白。」說完，忍著將要奪眶的淚水回到工作室。

離開餐館時，我還是看見那一張哀怨的祈求，她說，請妳幫我去跟我爸媽說，好嗎？

我獨自生了兩三天的悶氣，故意抄其他的巷道出門辦事，避開讓我人格受損的餐館，但是，有時還會不經意的瞥過那餐館，一雙渴求的眼神，讓我有些動搖。

那時雖然艱介，性格依舊孤高傲慢，何況又在店裡發生不愉快，一直排斥去幫助「她」，更想到，這家店說我耍賴，誰還會相信我說的話。然而當心中有這念頭時，奇怪的是，我的心神自然與她對起話來，因爲也實在拗不過她一再祈求的眼神。

好啊！我可以去做，但是妳家人憑什麼相信我，要是我說起來，妳家人一定會問我妳的長相。才這麼一閃念，我竟然在餐館前面L形的機車停車陣中，看見一位白衣素裳的女子，側倚著機車，對我嫣然一笑。這是電光火石不及二十秒的時間，但我已經很清楚地端詳了她的長相以及衣飾、髮型等，她在天光雲影向晚五點鐘的清麗時光下，一閃即逝。

既然已經答應了她的請求，我顧不得還隱然於胸的怒氣，一步走到餐廳內。對著櫃台的人說：「我找你們的老闆。」那一位夥計也許還認得我，一臉詫異說著：「找我們的老闆幹嘛？」「是他家的人叫我來傳話。」我牙尖嘴利的回答。這時，那一位壯健的老闆從餐館的後間走出來，就是那一位說我拗錢的中年人。

「有什麼事？」他還是那副大嗓門，看到我，有一點狐疑。「我想她是你的家人，叫我來傳話。」我說著。「妳在說什麼？我家人的誰？幹嘛叫妳傳話？爲什麼不直接告訴我就好？」這個老闆的氣焰眞大。

「我不知道她是誰，也許是妳妹妹，她叫我對你說，她想要出嫁。」看他的囂張模樣，我也沒好氣地說。一句話讓他驚了一下，本能反應道：「妳在說什麼？我妹妹……？我怎麼知道她是我妹妹，我怎麼知道妳是不是在亂講？」這時候，連廚房的廚工都湊了進來，驚訝瞪大眼睛望著我。

這才不到一分鐘前的事情，所以我對他妹妹的印象極爲鮮明。我詳細描述了白衣女子的相貌、所穿著的衣服、髮型、身體的飾物等，說完話時，大家的眼睛定定地望著我，一言不發。

「我告訴你，我傳話傳到了，不過我還是很生氣，你A了我五百元，還要賴我，所以這是我最後一次到你們的店，以後我不會再踏進一步。」因爲有氣，說完，回頭就走，丟下一屋子目瞪口呆的他們。

隔了一段時間，夜臥榻榻米朦朧一夢，看見她喜孜孜地來道謝說，我爸媽以及哥哥已經把我的事情處理好了，不過眞的很抱歉，讓妳受了委屈。我還記得在夢裡對這位姑娘說，妳明明知道我缺錢，丟了那五百塊讓我心疼了好久。那女子一直對我微笑，身影漸淡，夢中所見，彷彿隱身進入一個古老的櫃子中。

總算把這件事情處理掉，依舊忙碌於工作室以及教畫課程。那時與雙胞胎妹妹住在工作室，兩人沒有衣櫥，我們只是買來幾個簡單的舒美塑膠格，當做置衣以及置物櫃，生活的清簡可以得知。

我手中終於又有了一點錢，想到廈門街的舊貨店去買一個五斗櫃，來放我跟妹妹的衣物。因爲錢不多，我是東挑西選地在廈門街繞了好幾圈，終於看見一個大小正好的五斗櫃，似乎有些眼熟，感覺是舊了一點，不過非常牢靠扎實，木料也算不錯。

詢問價錢，老闆說，六百元。我還講價到五百元，這一個五斗櫃送到了我的工作室。

櫃子送來兩、三天之後，我才抓時間整理、清潔，想把衣物放進去。五斗櫃的第一格有兩個抽屜，隨手打開，將抹布擦下，發現抽屜下有個小夾層。這個夾層就跟我小時候看見祖母在五斗櫃中藏東西的夾層一模一樣。原來如此，難怪當時一見，便覺十分熟悉。

抽開夾層，居然發現有一包比普通信封略大的封套，裡面沈甸甸，還有一圈一圈的硬物感。我拿起那封套，不敢開封，又將它放入夾櫃中。

隔天中午，我迫不及待地又回到廈門街的舊貨店，對老闆說前兩天才買的五斗櫃裡面有……話還沒有說完，老闆快速地回話：「小姐，我們是二手店，貨物既出，概不負責。」「不是，那裡面有東西……。」「裡面有蛀洞嗎？小姐，一個櫃子才五百塊。」

「不是，櫃子內有一件東西應當是原來主人的。」「這個櫃子已經放了大半年，沒有人理的，有東西就丟掉，主人不會要的。」老闆已經有點不耐煩了，我還是將自己的住址給了他，再三交代如果原來的主人來找失物，務必告訴他我的地址。

那一包封套就一直放在五斗櫃的夾層裡，不敢開封。

那時際，與妹妹的生活拮据艱難，身上的錢除了吃飯以及妹妹的幼稚園托育之外，時常所剩無幾。沒想到妹妹在幼兒園感染了嚴重的感冒，也許因爲妹妹的身體原本孱弱，所以是來勢洶洶，她高燒不退，進了幾次醫院，還是無法降下來，醫生擔心妹妹已經感染了肺炎，要求緊急住院。

住院之後，又發現妹妹有脫腸的問題，一定要開刀。那時還沒有全民健保，我急得手足失措，這一筆費用是我支應不起的。回到工作室，正準備妹妹住院的衣物，不意想起那一包已經放在我這裡超過半年的封套。

我小心翼翼地拿出來，第一次將它打開，封套內掉出了一對雕龍刻鳳的金鐲子，那鐲子雕工細緻，面面皆是龍鳳呈祥、加官晉爵等吉祥圖案，一見就知道是有歲月的老雕工。眼淚流洩而下，那夢境中白衣女子隱身櫃中的記憶，在我腦中迴旋。難道這是她送來的禮物，要讓我及妹妹度過急難？我感恩得雙手合十。

那一對沈甸甸的鐲子一共二兩多重，我將它們典當了四萬多元，妹妹的手術能夠如願進行，住院的那段時間，我也能夠採買一些補品爲妹妹補一補身體。當時，我勉爲其難地爲她做了一件事，沒想到她的回報幾乎是救了妹妹一命。

天使語：

天下沒有白吃的午餐，待人處世「用心」便是。天行健、自強不息的老天給足了陽光和雨水，但收穫的卻是記得播種的人。「天助自助」放諸四海皆準，別忘了隨時隨地播個小小的種子，因為這將是未來能否收穫的關鍵。

第四章　有「色」有「戒」談情變

時常在夢中接獲訊息，所以對於夢境，有時會陷入一種「不疑」心情，尤其是如同「連續劇」一般的夢境，因爲有過無數次應驗的機會，所以我往往好奇於它的後續發展。

有時夢境也會讓自己神傷。我也是在經歷此種心碎的感覺爾後，才瞭解原來「她們」是如此辛苦。

再婚後，我與先生的情感極好。先生是一位溫厚與踏實的人，大學畢業之後在某家大企業工作，一待就是三十餘年，足見他穩重的性格。喜歡戶外活動以及閱讀的他，一向是我的最佳後盾，有時我偶爾發點小姐脾氣，他總是笑瞇瞇的容受，兩人心靈相契，興趣相和，一直是朋友們羨慕的登對伴侶。

我第一次夢見先生與那一位女郎大約在兩年前，夢見他對辦公室新來的女同事頗有好感，一向性喜助人的他，常主動幫她的忙。因爲只是夢境一場，晨起，雖然心中有些吃味，不過卻暗自笑自己對夢境多心，沒過幾天就忘了。

一陣子之後，又來一夢，夢到那天因爲我參加學生的聚會，很晚才回家，在這空檔，先生卻跟那位小姐去買書、看電影。心中一驚，半夜夢醒，氣呼呼的，先生熟睡的鼻鼾聲傳來，我差一點把他抓醒，質問他何以如此輕率，帶著年輕女子獨自出去。

再回頭一想，我在做什麼？怎可將蠢夢當眞，回一下神，強迫自己睡下，不過這時候，已經睡不安穩了。

隔天，覺得這一個夢境有些奇怪，忍不住打電話到辦公室，先生恰巧開會不在位子上，過去一向不查勤的我，居然主動問他的同事道，他去哪裡開會？什麼時候回來？還有，最近辦公室是不是有新來的同事等等？

我眞的疑神疑鬼起來，雖然人在上課，心神卻是煩躁不安，不斷想到，一定有什麼地方不對。

先生還是如常的上班下班，晚上準時回家陪我吃晚飯，不過在家居時刻，如果他的手機一響，我隨即心驚肉跳，整夜神亂慌張。唉！這種日子眞是難捱。

過不久我又做了那如連續劇般的夢，夢見他跟那位小姐（離奇的是，夢境中均是同一位女子），私底下手牽手月下散步。天啊！我哭著驚醒，把睡在身旁的他也吵醒了。

這時我再也憋不住，幾乎是柔腸寸斷地質問他，是不是新交了女朋友？怎麼可以這麼對我？我哭得氣噎，幾乎說不出話來，先生一臉莫名，似乎想不透我在氣什麼。

我的夢境一向是很準的，擔心先生刻意隱瞞，所以一五一十地將這如同連續劇的夢，詳細地告訴他，而且很誠懇地說著，如果眞有此事，一定要告訴我，因爲這種折磨不是常人可以忍受得了的。

他不斷說，絕對沒有這件事，解釋著除了工作之外，其他的時間幾乎是以家（我）爲重心，每天最快樂的事情就是回家與我相處、談天說地。大半夜的時間在先生的眞誠安慰下，我才安心釋懷，隔天不斷地理性告訴自己，不要再這麼草木皆兵。

一直到我開始書寫這本書，將近有兩年的時間，我還是無法忘卻這夢境，足見它的殺傷力多大。而最近一次是月前，我又進入這一場情碎的夢，夢中的女子還是她，而先生就這麼不斷地呵護她、照顧她，讓我再一次墜入深淵，我的心眞的痛極了。

我沒再跟先生多說什麼，這一次我終於忍不住向大老闆求救，祈求大老闆給我智慧以及勇氣，如果先生眞的有「外遇」，我應當如何理性與堅強的面對。

大老闆沒有給我回音，我仍在水底泅泳浮沈，先生的噓寒問暖，有若霧影一般的不眞實，此種肝腸撕裂的感覺，沒經歷過的人，絕對無法想像。

書稿將近尾聲之際，一夜大老闆眞的出現了，那組訊息傳來：受罪了，現在妳終於瞭解她們的苦吧！然後對我微微一笑，施施遠去。

這一夜之後，我才知道，原來……。呀！我眞是蠢，原來，不是先生有外遇，而是我必須體恤此種破碎的心腸，讓這般的感覺注入文字，塗寫一段人生歲月六奇齡中，兩性情愛的這諸多「意外」。

歲過中壯，身旁經過無數風花雪月，無論是親友、同學、街坊，一路行來，多少破碎家庭、失倫子女，常慨嘆當事人欠缺以智慧處理情感風暴，導致家園陷落得支離破碎。但是，如果沒有經過這幾場如幻似眞的夢境，我的確很難體會這種失落、無助、惶恐，以及百般折磨、心腸俱碎的感覺。原來，對於曾經經歷如此挫折的她們，此種幾乎過不去的煎熬，是難言的苦與不堪。

一位朋友的家庭原本和樂，爲了子女的教育，決定移民加拿大，一家人到異國，著實度過一段甜蜜的生活。但是國外的生活單調，新移民也少有社會活動，而家事以及教育子女的重擔，朋友一手攬下，先生除了蒔花種樹、遛狗玩貓之外，無所事事，終於按捺不住希望回到台灣。朋友一向以家庭、子女、先生爲重，也一向相信共過患難的伴侶忠貞不二，所以放心讓先生回台。

但是回國不到半年，她即接獲先生與妙齡女子同居的小道消息。

這種故事不必撰述，相信多數人的四周有許多類似的例子，傷害的結局難以避免。這是朋友丈夫發生婚外情的過去式，而目前的狀況是，離婚後朋友守住異鄉的家業，還是獨立照顧小孩，她經過一段艱苦搏鬥的日子，重新找工作，含辛茹苦教養小孩。

在異鄉重新開始，打拚的艱辛，不足為外人道，幾乎是三更燈火五更雞地咬牙撐下來，現在兩個小孩已經大學畢業開始就業，孩子體認媽媽的劬勞，賺錢貼補家用，朋友終於可以卸下經濟的壓力，她半生的堅持與毅力，讓小孩心生感激。

反觀當時一心要離婚的男主角，遇到難纏的年輕女子，積蓄早已揮霍殆盡。他認為可以自己獨力經營的事業，也因為一向茶來伸手、飯來張口慣了，欠缺業務與資金調度的能力，更不瞭解市場稍縱即逝的機會，所以生意是越做越差。

現下公司倒閉，他成為中高齡老闆級失業人口，生活日漸艱難，而子女因為不諒解當年父親將其棄養以及對母親的薄情負義，也不願意伸出援手，連探訪都極為勉強。

另一位我的家族長輩，年輕時家大業大而處處留情，與子女們一年見不到幾次面，子女從小沒有父親的關照，卻常見母親暗自垂淚，家庭的陰霾給他們極大的傷害。現在他們均已事業大成，卻沒人要認這位老父，孤獨的他一天到晚纏著家族中其他的長輩為他說項，讓他「回家」終老，但是都徒勞無功，沒有一位子女歡迎他回來。

這樣的下場還眞是現世因果，不過厄運的來臨是其來有自的。

當然目前如前述例子的不止於男性，女性的發生率在當今的社會環境中亦所在多有，不過由於兩性情感的生命順位在比重上的差異，設若伴侶情變，心靈傷害程度較深的，通常多是女性。

因爲，女子總是把情感放在生命的第一順位，「情」幾乎成爲她生命的全部。反觀男性則不然，他們將事業、工作視爲成功的表徵，一向最爲重要；何況三妻四妾在中國社會早已行之有年，所以如發生所謂的外遇，男性的罪惡感較低，也比較容易合理化。

對於兩性的情感，的確難以論斷功過是非，但是如果不幸眞的發生了，則必須以智慧的方式，盡量處理到圓滿。

也因爲兩性特質的差異，「大老闆」對於女性友人在婚後，提供了非常重要的建議（當然男性讀者亦可引爲參考）。

第一是生命的價値順位。多數的女子將愛情以及家庭視爲第一，終日勞碌而忽略了自己的價値，也因爲愛家人以及小孩而遺忘了愛自己，即令伴侶沒有情變，早已喪失了愛的能量；想來，有多少女性感覺對家人付出青春、事業，覺得沒有得到回報而怨聲連連。

一個愛自己的人才有能力去愛他人，懂得自愛的人方能散發出愛人的力量，面對最親的子女、家人亦然；因爲懂得愛的人不會抱怨，她樂於接受自己的決定，無私付出；也因爲是「行有餘裕」的付出（自己在第一位），此般的愛，才能面對考驗。

第二，女子必須具有經濟獨立的能力，這不但是對自己的保障，也是子女的保障，雖然雙職婦女非常辛苦，但經濟是家庭平順、保有安全感的來源，所以除非已有資財，否則不要輕易放棄自養的機會與工作。在關鍵時刻，讓自己有多種選擇的可能，是非常重要的。

第三，隨時成長，培養嗜好，充實內在心靈，方能與伴侶互動；而更重要的是，必須培養獨處的能力，以及建立將來必然獨處的心理。

小孩不是妳生命的全部，妳不可能將孩子護在身旁一輩子；同理，伴侶也難以終生朝夕相處。兒女將成長，振翅飛翔；伴侶將老去以及死亡（老之將至，誰都會面臨死亡，而且一定有人先走）。這時候如果欠缺獨處的能力，辛苦的還是自己。我常說，除了雙胞胎之外，每一個人都是獨自來到人間，但即令是雙胞胎，有朝一日，也是壽終者先去。獨對生命中不能避免的空白，是每一個人（包括男性）都需要的訓練。

所以，如何保有個人的生活空間，擁有獨處與讓自己快樂的能量，以及在生命的歷程中，不斷厚實自我生存的技能，將情愛的需求與依賴調整到恰適的位置。這時，充滿自信的妳（你），會讓伴侶覺得生趣漾然，讓子女樂於親近分享，妳（你）才轉個彎，大家均能安放自在。

至於難以釐清的兩性情愛，跳過生命的第一順位，以平常心看待，它可以成爲重要的部分，但卻不是最重要；它是妳生活的重心，但卻不是唯一；有著這樣理性與智慧的心靈，若是萬一發生，也能夠在盡量不傷害無辜之人的基礎上，圓滿的處理。

我想說的是，如果是惡意離棄、拋家棄子、不負家庭責任的人，在生命末了清算時，一定還是會記上一筆。也許愛情沒有罪惡、是非，但是人的行爲卻有對、錯的判準，罔顧家庭責任、欺騙感情的人，我所見的沒有一個有好的下場。至於，如果難以避免地發生了，學習寬闊的心與分享的圓融智慧，方能夠周延妥善地不傷害他人。

不過，退一步想，不是所有的人具有這麼成熟的能力以及本心的善意，即令自己希望如此，也不容易做到，其原因在於感情很難如此理性，以及情愛原本就有心理上的獨占性。所以，愛的能量不足的人，不容易過得了這一關。

所以我對婚外情的看法，還是一句話：這如一刀兩刃，大半的人享受了激情之後，將面對難以消弭的傷害；也眞是有「色」有「戒」，必須審愼處理，否則難免傷人傷己，全盤皆輸。當然，最好的辦法就是不讓自己有任何「上路」的可能性。

這也是大老闆用如假似眞的夢讓我吃足苦頭，瞭解受傷者的心境，而希望我提出的忠告。

天使語：

許多女性在婚姻中的改變，往往是在婚後即全心投入家庭，慢慢地減少和以前的朋友來往，也不再注重同性友誼的開拓。在某種程度上，同性的友誼往往比異性更持久。所以不論婚後如何繁忙，依然可以為兩三位同性友人，在生活中保留一席獨立的空間，讓生命有更寬廣、更多樣的面向。

第五章　怎麼栽花，怎麼收

我的許多直覺在一、二十年前就會有隱約的憂慮。例如，十年前我已經開始擔心台灣社會的自殺問題，沒想到，這樣的憂慮竟然成真，台灣的自殺率似乎是在一夕之間往上猛竄。但是，如果細思這十多年來社會價值的扭曲，自殺問題的社會現象，其實是冰凍三尺非一日之寒（註：有關自殺的社會問題，必須由國家的公衛機制進行防範與解決，本文尚有其他的重點）。

現在我還有另一個更駭人聽聞的憂慮，我擔心，再過十餘年，台灣社會「殺父弒母」的家庭凶殺案會越來越多，這會讓我們的社會自根部腐朽。其實在當下，孽子不孝、誤傷及逆殺雙親的案例已經所在多有，如果這般的現象已經令人擔憂，未來的嚴重程度，更將百倍於此。思及此，怎不讓人心驚膽寒？

「犬子」雪豹的醫生伯伯告訴我一個故事。

他說一位狗爸爸非常愛他的狗兒子，這位狗爸爸有次帶寶貝狗兒子來看診說：我一直想告訴你，寶貝從小就不會上下樓梯，不管是公寓樓梯、天橋的樓梯、任何樓梯，牠都沒有辦法獨自上下。到底是什麼問題？我帶寶貝去其他醫院檢查過，醫生說牠的骨骼與肌肉發育很好，身體很健康。我太太還告訴我，說不定是「業障」病，可能前輩子從樓梯摔下來往生，所以這輩子看到樓梯就怕，連走一步都不敢。

醫生伯伯約略檢查了寶貝一下，建議說，那麼把牠留下來兩、三天，我找時間再仔細看一看。

三天之後，狗爸爸急著來接狗兒子。醫生對他說，奇怪，我帶寶貝出去，上下樓梯都沒有問題，我想問題出在你身上。狗爸爸一愣。醫生伯伯問道：你是不是從小帶寶貝回家時，上下樓梯都抱著牠？狗爸爸說，對啊！養到家裡時寶貝才剛滿月，所以我一直抱著牠上下樓梯，你怎麼會知道呢？

這就對了！醫生伯伯說，狗的智商大概與五、六歲的兒童一樣，有些認知與人類相同。你家的寶貝自小由你抱上抱下，在牠的認知中以爲，只要和「爸爸」走到樓梯，一定要讓爸爸抱，這是你從小給牠的訓練，所以只要是跟著你，寶貝當然不會走樓梯了。

一句話提醒夢中人，這還眞是浮世繪裡的現世報，但這只是狗爸爸與狗兒子的對應，而人類的親子關係呢？

我住在台北知名國立大學的附近，鄰居們多爲收入不差的中產階級，現代人重視子女教育，所以大多只有兩、三個小孩。我在這裡將近二十年，又因爲在家中教畫，鄰居們的小孩大多熟識。二十年爲人生歲月的三分之一強，兒童可以長成，青少年已經步入中年，家庭可以自春季走進秋季，兒女成長原本是一件喜悅的秋收，但鄰居有幾個家庭的情況眞是讓人搖頭。

一位年約四十五歲的「妹妹」，自從大學畢業之後，就一直與雙親同住，她是獨生女，雙親自然疼愛異常。不過，這位已是中年的妹妹，工作並不穩定，是三天打魚五天曬網的遊牧上班族，尤其是年歲漸大，也許在職場中沒能磨練出專業職能，工作情況自是每況愈下，現在又逢經濟不景氣，待業在家中的時間越來越多。

雙親已經七、八十歲了，還是妹妹長、妹妹短的呵護著，妹妹高興時還罷，不高興時往往大聲「斥責」、發出高八度的尖銳叫聲頂撞老父母，聽在耳中，眞爲這對老鄰居嘆息。想著四十五歲的「老妹妹」如此不自重，這般年歲在家中不事生產已經讓人搖頭，還這麼驕氣與不成熟，萬一哪天雙親謝世，我對這位老妹妹的情況還眞不敢往下想呢！

另一位鄰居有三個兒子，記得我剛搬來時，大兒子上國中的資優班，媽媽一天到晚帶著他去學圍棋、上音樂課，每天忙進忙出，兩位弟弟的功課也不差，鄰居們時常見到他們母子四人趕場上才藝班，日後個個讀國立大學，羨慕得不得了。

那時候，鄰居媽媽走起路來神采飛揚。她的大兒子畢業當兵之後，到美國拿了兩個碩士，同時間，二兒子也研究所畢業了。但是她家的惡夢才正開始。

老大的工作一直不順利。初回國時在一家外商公司上班，不到兩個月就離職了，鄰居媽媽說，是因爲公司的同事嫉妒他從美國回來的而排擠他，況且工作壓力那麼大，還要扛業績，一個月才三萬元，薪水這麼少。唉！何必爲了區區一點錢讓人呼喝來、折磨去，所以媽媽支持他辭職，再找一個好工作。

如果我記得沒有錯，老大的工作從沒有持續一年的，因爲沒有累積漂亮的工作成績單，所以行情是越做越差。老二也是國立大學的研究生，情況亦好不了多少，從進出口貿易做到廣告公司，再做到補習班，多半的時候，是在家中做程式設計（鄰居媽媽說是「家裡蹲」的程式設計遊戲），有女朋友時，乾脆到女朋友的住處，沒有女朋友時，又堂而皇之回家。

兩個哥哥都是這副德行，老三大學畢業當完兵之後，根本不出去找工作，有時媽媽念兩句，還會回嘴說，妳的寶貝資優班兒子還不是在家裡，妳幹嘛管我？我現在出去工作一個月只有兩萬多，妳要我怎麼生活？說得眞是「理直氣壯」。

鄰居媽媽前一陣子到我家中哭訴，一把鼻涕、一把眼淚說：這到底是什麼業障？讓我養出這三個不成材的兒子！現在全家人都在吃老本，都三、四十歲了，還這麼浮來飄去，我還要養他們多久才可以翻身？

我心中默默搖頭，想著「怎麼栽花怎麼收」，今天有這種狀況，除了孩子不長進之外，雙親其實難辭其咎，一句業障是無法一筆帶過的。

鄰居媽媽也許沒有過去帶著三個兒子進進出出才藝班，洋洋得意的記憶，但我卻是記憶猶新。她與先生對孩子的教育非常盡職，然過猶不及，家中的大小事不必兒子動手，老媽一手包，爸爸努力在外面賺錢，讓兒子接受最好的教育，這般的「關愛」一直延伸到兒子必須成家立業的階段，處處的呵護與「支持」，養出了不知道承擔責任的下一代，其實過分的保護反而剝奪了許多子女學習的機會。

所以我們的社會有著四十五歲的老妹妹，而且永遠是妹妹，手不動三寶，足不踏濕地，一切家事有老母代勞，在家中吃、住當然免費，因爲爸爸媽媽的，就是她的，拿得理所當然，無疚無愧。

也所以，三、四十歲的大男人還是「在宅男」，吃、喝、拉、撒，父母親都包了，未來老爸老媽的壽險也是他們的，現在幹嘛那麼辛苦出去風吹、日曬、雨淋？

然後再回頭看看今天已經顯露的逆子弒親的社會案件，有些孩子是因爲自幼被保護溺愛，過往一向予取予求，從沒有挫折的經驗，而當有一天他非分的要求被回絕了，狂暴的小孩居然會拿起刀子亂刀弒父，再謊報家中遭歹徒侵入，他心中還想要詐領保險金。

這個不成熟的小孩心中的想法是，反正未來都是我的，只是時間早晚而已，你現在不幫我買名牌、不幫我買轎車，我自己想辦法。他的辦法非常直接，就是先讓他們走了，除了繼承遺產，還有高額的保險金，足夠他一輩子吃、穿不愁。

請問，這是前世的因果業障嗎？還是今生雙親所作所爲而助長的現世報？還記得那一隻不會爬樓梯的狗兒子嗎？

面對鄰居媽媽的淚水，我的無奈只能留在心中。我知道，無論是老妹妹家還是她家，這種狀況已經無法改變。但如果在孩子尙小時，把握成長的有效「教育年限」，以正確的方式來教導，相信現在的結果應是迥然不同的。而正確的教導應涵蓋「失敗」與從「錯誤」中學習，以及「吃苦」的對應方式與心態。

我杞人憂天的心情甚且遠慮到未來，想著在現今許多家庭教養方式的當下，其實不難發現如上諸多「積非成是」的親子互動關係。例如，父母親過度保護以及信任尙不成熟的孩子，除了沒有以適當的行爲導正以外，還常常有錯誤的示範教學法。

我還有一個眞實的故事。

一位三、四歲的小朋友，回到祖父母家，鄉下大埕前面有一個小池塘，他從沒有見過，夏天天氣燠熱，小朋友一溜煙的就跳下去，所幸，大埕前有堂兄們在玩耍，看見小堂弟跳下池塘，急忙跑上前去，拉他上來。

眞是不幸中的大幸，媽媽急忙幫他洗澡，換上乾淨衣服，還不忘帶兒子到池塘，機會教育一番。媽媽非常有耐心的說著：弟弟，池塘非常危險，不可以再跳下去喔！語言充滿慈愛。

隔天，弟弟吃過中飯，正是豔陽高照，他也許覺得池塘的水很涼快，結果又跳了下去。這一次是阿媽跟得緊，一把捉住小孫子之後，還沒有來得及沖洗，就抓在懷裡，重重地往他的小屁股打下去。哇！小兒哭得震天價響，因爲屁股吃痛了。

這一打，還眞有效，住在鄉下的那一個星期，弟弟再也不敢「隨性」的跳下池塘，因爲他已經知道，再跳下去一定遭一頓屁股痛。上下兩代不同的處理方式，其最大的差異不是體罰，而是選擇一個針對弟弟年齡以及能夠眞正保護他的教育方式。

一個三、四歲的小孩不懂得生命的珍貴，媽媽跟他說道理，循循善誘，根本聽不下，他對危險的概念與成人不同，因此，阿媽選擇的方式就是直接的防杜，要求他遠離危險的地方，這時候，屁股挨一頓打，遠比說理有效。

從前面幾個眞實的事例可以讀出，無論是在過猶不及鐘擺兩端的哪一邊，都不是一個恰當的教養方式。當孩子長大，無能於適應生活周遭的環境，心中還是慣性的認爲一切有父母親做靠山，然不願承擔與惰性無法削減對生活的要求，自己尙無法獨立，當然一定「反躬求諸己」，一切壓力往上拋給父母，心中還振振有詞地認爲，他們的就是我的，向雙親伸手，本來就是理所當然。

我的擔心還不止於此，人間世發生的弒親事件，肉眼所見爲人倫墮落、價値扭曲、民風敗壞等負面的社會氛圍，而這個嚴重的問題還會影響到生活周遭一般人所見不到的「世界」。因爲這些遭到殺身之禍的生命，在荼毒往生之後，其幽靈難遐，魂魄不遠，往上不能，往下難墜，就一直漂浮在我們生存的三度空間中。

遊靈無依，自然就在我們的空間中飄盪。這個現象已經發生在我所見自殺往生者的魂魄上，文前的第一段即提到自殺，過去十年來我見過許多無依無棲的魂魄，或在十字路口，或在山坳轉折，或在水湄懸崖聚集等待，它們正等著可以伺機介入的機會。

當然，如果行路的人善念盈滿，磁場光亮渾厚，就不會成爲它們的對象。反之，如果當日一位路人心情惡劣，神識不寧，那麼他就可能是遊靈們侵入的「案主」，這時候，傷害的事件又會增加一樁了。

這是惡性的循環，就好像是路上的石頭多了，總有一天路人會被絆倒。本書中的阿德就是一個例子，他當天的磁場紊亂，神識混濁，剛好成爲被揀選侵入的對象，好在他在慈母的召喚下，回過神來，度過一劫，但不是所有人都有這個好運氣。

現在自殺者的魂魄已經越來越多的充斥在無形的時空中，未來如果再加上弒親事件，這些含怨的往生者只要是多一樁，就多一個無主的孤靈，它們在時空中沒有一個立足地，只能流離飄盪，然後讓一些不應發生的事情，成爲意外。有時想想，眞會不寒而慄。

然而這般的結果，未必全是孩子的錯，也未必眞會發生，除非我們沒有移植給小孩們正確的觀念與教育，或者我們沒有教導他們必須爲自己的生命負責，而且要學習面對挫折與獨立。

現在，多數的父母只一昧的給予孩子不當的支持（如鄰居媽媽），以及過多理想化的教育方式（如文中那位跳池塘小孩的媽媽），這般教育模式下成長的小孩，行爲難逃偏差的引力，爾後受累的不僅是自己或是小孩，更是我們原本純淨的生存空間。

希望這篇文字能給當代的雙親一些思索，也希望我的直覺千萬不要發生。

天使語：

生命過程中的挫敗，是將來成功的養分。父母親要有正確的教育觀念，過分的保護和寵愛會相對剝奪子女「面對困難」的學習與承擔，而如果沒有教導子女承擔，如何能讓他獨自行走長遠的路？明確的「普世價值」——愛人、孝悌、正義、講理等等，都是生活每一點滴中要隨時要求與教導的。有貧窮才懂知足，有缺憾方知珍惜，父母現在多一份用心，將來便可少一份操心。為人父母者，加油！

第六章　老之將至的巧克力心靈

我的一位學生今年大約十八歲，他在兩年前罹患腦瘤，緊急開刀，腦瘤切除之後，智商回到八、九歲左右，但是總算在不幸中奪回寶貴的生命。

開刀康復之後，他曾經來找過我，那一個下午，只見他神采飛揚、叨叨絮絮地告訴我，他看了一場電影，非常喜歡。他就用那童眞的臉，興奮與快樂地訴說《巧克力冒險工廠》中窮人家的小孩贏得了大獎，而與主人一起經營巧克力工廠的故事。

靜靜聽著他那愉悅一個小時的純眞言語，這麼一個大小孩，因爲一場疾病，擁有了童稚的天眞與至情，心想，如果我們的社會福利做得再完善一點，這個孩子有人照顧，他的損失也許是我們的獲得。因爲我們能夠自他的身上讀到失去的赤醇。

我沒有看過《巧克力冒險工廠》，巧的是，前一陣子有線電視的電影台播出這影片，我碰巧看完了，才知道這是一個非常深邃的電影。

「巧克力工廠」的甜美幸福

「巧克力工廠」發出五張金圓券，放在其出產的巧克力中，將邀請五位幸運的兒童參觀巧克力工廠，其中有一位會得到特殊的禮物。得到金圓券的五個小孩背景各自不同，有富甲天下的嬌女，有基因特優的小天才，有一向奪魁的小英雌，有平庸嗜吃的小胖子，還有這一位貧窮的孩子，他的貧窮令人堪憐。

貧窮小孩一家七口，包括雙親年邁的父母親共四位，以及新近失業的父親、持家操勞的母親，全家相依為命，雖然貧窮，但是所有的心繫在一起。四位年老歲垂的祖父母，一對劬苦的雙親，他們為小孩慶生的唯一禮物就是一片巧克力。雖說這一片巧克力沒有金圓券，但是全家的愛放在一起，小孩把得來不易的巧克力，分享給雙親及祖父母，貧窮並沒有奪走他們的愛。

小孩因為撿到錢，去買了一片巧克力，居然中了最後一個獎，他曾想放棄，因為有人出高價要這一張券給他的寶貝兒女。小孩即使夢想到巧克力工廠一遊，然而他卻願意放棄，因為這一張金圓券可以為家人解餓積糧，不過鍾愛他的四位老人以及父母親，卻不希望他放棄這唯一的夢想。

因為有愛，因為彼此都為摯愛的人著想，貧窮的小孩終於如願以償地往工廠一遊。他的純真心靈沒有包袱、沒有祈求，但是他卻得到最珍貴的禮物。這禮物不是用錢、用才智、用爭勝的心贏得的，而是以一份眞心鍾愛那一片片得來不易的巧克力，珍惜口中的甜美，感恩這甜美的幸福，所以他得到了整座巧克力工廠。

我那位大小孩的學生如此喜歡這場電影，我依然記得他雙眼閃著喜悅的眼神，因為他也跟電影中的小孩一樣，回到最初的純善的人性，而且不吝於分享愛的溫暖。我分享了他的快樂，也在不意中享受了一份人性心靈中如巧克力一般的甜美。

這只是一場電影，不過卻令我思慮深切，尤其是電影中一老一小的對應，以及父母親教育子女的心態。

愛與包容撐起半邊天

幼有所養，老有所終，是人類社會替續生命的兩端，一方是面對臨老的死亡，一方是必須照料的嫩苗，理想的社會為青壯階層各有所用，而來頤養與撫育上下兩代。但是，此種理想型態的社會，迄今尚沒有建立。

我是戰後嬰兒潮的一個小泡沫，我們這一代小泡沫的成長歲月由純樸到繁華，而至今日的價値紊亂、民風不古。幼時庭訓，必須尊重長上，努力向學；尤其是家中的女孩，在兩性不平權的昔日，女兒如果沒有超強的承擔與智力，通常與高等教育絕緣，所以賦就了我們這一代女子的強韌。

於是，家中的女兒與媳婦，就像是八爪章魚一般，內外兼顧、上下通包，照顧雙親的往往是女子，夫家與娘家兩老生病時，幾乎都是女兒、媳婦在操心，再加上育兒的責任，這一老一小的重擔的確不輕。

老有所終與幼有所養的責任，因爲傳統社會對女子的要求，以及女性堅強的雙肩而負任下來。不過，這是一個失序的現象。

我有一位友人，因爲兄弟讓雙親背上千萬的債務而脫逃，將一家子的責任全部丟給妹妹。妹妹已經出嫁，猶不忍心老人家損失了一生的積蓄，又飽受流離之苦，一口吃下兄弟的債務，奉養雙親，但是那千萬的債務壓著她喘不過氣來，這十多年時間，幾乎每天都在爲軋錢煩惱。一個弱小的泡沫，何能承擔如此之重？

其實，這種女子撐半邊天的事例，比比皆是，許多老人家如果不是女兒、媳婦的背堅強挺住，今日生活的景況絕對淒涼，而我們社會的問題將更大。

女兒、媳婦以愛與包容，為澆薄的社會書寫故事。而那些乏人照料的老人家又如何？有許多長上將孩子（尤其是男孩）送出國，一生盡力栽培，而孩子在異鄉落定腳跟之後，已難以回台，偶爾如候鳥一般，回家大嚼數日，又風一般地離去。雙親若是尚健康還罷，若是生病，或是老伴往生（這是一定的情況，兩人一起往生的機會微乎其微），那真是晚景悽惻，期待老有所終，勢在難為。

不曾給予承擔，就難以賦予責任，這是許多上一代老人的悲哀；育之以名譽，卻缺乏愛屋及烏的包容，是上一代雙親的失落；以己力慰養父母、哺育子女，是嬰兒潮小女子的大能量。關照了形形色色的家，眼見日益衰老的社會（註：台灣於二〇〇五年，老年人口已經有百分之九．五比例之高），我們的能力，還能及於其他嗎？

銷因蝕果的「現世福報」

善願小隊的朋友（目前其中大多數是女子），每一年定期集中一筆錢，為無子女而往生的老人家捐出棺槨火化，希望他們在往生爾後，能夠好走，不必為自己的身後操心。一份心意，也讓我們想到自己。我們往往說，善心為念，因果結蒂。這一生無論來自何處，我們曾結下那一世業因的「樑子」，都已經成爲事實，在出生之刻早就料定，何必改變？其實也無能改變。這就是我常說的，因果之說一向不困擾我，因爲我要去做那種可以改變一生的事情。

活著，是一份禮物，上蒼賦予我們擁有改變一生的能力，它就在你的起心動念之內，「善」用之，必能得到現世福報，這是我們能夠改變命運的第一樁。我們以「善行」來改變過去所有的前因後果，一刀畫下，蒂結果落，上天必會體恤我們的用心，來銷因蝕果。

只往前看。往前看，我們的生命景觀可以改變。也許，你的「老命」依照因果輪迴爲孤苦無依，但爲何不在中壯之際，仔細的規劃自己的老年，「見證」善有善報的影響力？

黃昏晚景的生活準備

想想，自己的老年，既不要成爲子女的負累，又要老有所終，那麼，如何教養子女，給與子女該有的責任，不分男女一視同仁，以及如何累積自己年老的生活所需，都是一連串的思索與行動。

我的第一個建議是，不要被子女拖垮。前面的例子很明顯的是，兒子不負責任，留下一身的債務，雙親因爲是銀行的擔保人，必須清償債務，而這個重擔現在都是女兒在擔，萬一女兒承擔不了，也垮了，一家子的生活，包括老、小，都將流離失所。

老人家不必太急於將全部房產或是財產轉給子女；一方面是因爲年老最需要的醫療照護，即令有全民健保，久病還是需要資財，老人家若不想成爲社會以及子女的負擔，能夠自我照料才是上上之策。另一方面預留作爲家庭應急之用，例如子女的確有需要，再適時提供幫助，此刻更顯甜蜜的互動。

過去我們曾經歷過清簡貧窮的歲月，大家養成辛勤工作的特質，感恩於社會提供工作機會，所以大家努力賺錢，希望改善生活。現下的環境不同，年輕人一直有雙親護著，無論是出國遊學、在家讀書、出外就業，習慣於茶來伸手、飯來張口，也認定雙親的資財留給他們爲理所當然。沒有壓力就沒有往上提升的動機，新生代的心態，我們也有責任。

我很早即對雙生兒女說，我會提供你們最好的教育，但不鼓勵你們出國讀書，除非你們能夠靠自己的力量。我沒有太多財產給你，我給你的就是教育與獨立負責任的人生價值，你的將來必須自己奮鬥；而如果我能照顧我自己，是你們的福氣，萬一我需要兒女的協助，我也不會客氣。

不要擔心遺產稅的問題，因爲對於大多數的普羅階層，子女不會承擔太多的遺產稅，何況，繳稅也是當代人必須善盡的義務。我常覺得，生前留下太多財產與子女，就如同爲子女戴上一只魔戒一般，去挑戰人性中好逸惡勞的弱點；魔戒的誘惑經不起考驗，因爲這就是人性。

戒之在得，食衣住行康樂六訣

不讓子女拖垮自己，同理，也不要因爲一時之貪，拖垮了自己，回頭再去連累子女。年老的我們，謹記「戒之在得」，不是自己的投資專業不必去碰（除非你非常在行）；過高利潤的理財，應當謹愼；風險過大的投資，小心迴避。天下沒有白吃的午餐，利潤與損失時常是劃等號的。學習珍惜目前自身所擁有的，面對將屆的天年，不要再無謂的希望以金錢「創造擁有」。

老人家必須以微笑、感恩的心情回應前塵，以寬厚的胸膛接納缺憾，以與人爲善的品行以身作則。想想，已是生命的晚景，什麼都帶不走，何必與人爭鋒相對，斤斤計較？

以分散風險的方式，妥善保管自己的資財，讓年老的黃昏歲月安適自足。生活無憂，方有餘裕幫助他人，這是晚景歲月最美的圖繪。我們一生累積的寶貴智慧，此刻正是回饋社會的最佳時機。有快樂健康的老人，才有無憂快樂的家庭與社會，老之將至的我們，不可不慎，也必須及早準備。

除此之外，重新界定老齡生活，在食衣住行方面，力求簡約單純。例如，食宜清淡，低鹽、低油、低糖、低量，以及調整與過去不一樣較短的時間差（生活的步調放慢，飲食間距縮短等），讓身體不因精細飲食而有過多的負荷；老齡的飲食，雅淡而已。

穿著也是如此，盡量選擇通風、透氣、保溫的衣物，不必將穿著複雜化，有時讓自己流流汗，也不要一直待在冷氣房內，目前有許多冷氣的規格設計多在密閉的空間中循環廢氣，所以對於老齡的健康極端不佳。

即便是老齡的行動較緩，但還是應當出外動動，這時拄著一根輕便的枴杖（枴杖的高度不可高過手肘，亦可選擇登山用的伸縮枴杖），簡步當車，是老人家最安全的運動。

笑看風塵，及時行善

老人家可以回首風塵，笑看一切。從現在開始，得饒人處且饒人，隨時種善因，處處關懷人，要有謙卑以及柔軟的個性，口不出惡言，「老吾老以及人之老，幼吾幼以及人之幼」。如果你行有餘力，尚有資財，也許生活可以再簡約一點，捐出部分，幫助需要幫助者。我們的社會需要我們做的事情，俯拾皆是。

這就是黃昏老齡甜美的巧克力心靈，總是飽藏希望、分享歲月時光的智慧。這是我那位大小孩般的學生，以閃亮的眼神與興奮的神采告訴我的。我多麼希望當我們年老，也會有這份純眞與機會。而我多麼期待我的學生在今日如野獸叢林般的社會，能夠接受照料，不讓雙親擔憂。

讓我們手攜手一起來做吧！我與一些朋友已經組成一個小團隊，但是力量還是有限。你們也可以這麼做，自己形成一個小團體，選擇需要溫暖的人。而當我們的社會階層，有這麼多善心善行的聚落，何愁民風不變？難道這不是上蒼現世福報的最大回饋嗎？

請相信我，只要我們身體力行，一心向善，受惠的不只是自己，接受照拂的將是我們鍾愛的土地與子孫。

天使語：

每個人生階段，對「財富」的看法不盡相同，但到了第四奇齡以後，便須明白：真正的財富是擁有健康自主的身體。第五奇齡即需要有面對老齡之準備，逐漸以健康養生為取向，來訂定日常的飲食習慣及生活方式，並拓展老齡生活圈。除了錢財以外，也可以將累積的生活智慧，與朋友或子女共同分享，如此才能活得既受尊重又有尊嚴。

第七章　三魂七魄與九品神靈

記得小時候，每一次清明節，媽媽都會帶我到中部外公的墓地掃墓，昔日交通不方便，掃一次墓要花上一、兩天，有時候我偷懶不肯去，媽媽可是不通融，非得要我當「嚮導」，是好說歹說的，一定要抓我隨行。

這是因爲有一次特別的經驗。外公往生之後，葬回家鄉，從前的墳地沒有今日的整齊空間，山上是雜草叢生，亂木橫層。在新墳出土，尚未撿骨之前，台灣人的習俗是維持墳土的模樣，待先人入土經過十年、二十年爾後，再擇日請風水師撿骨，重做「風水」（新的墓地）。

外公去世年餘，方是新墳，我們一群人包括爸爸、媽媽、哥哥，好不容易前一天搭夜車南下，睡眼惺忪地再坐公車、轉車、步行上山。我們拿著鐮刀，穿上雨鞋，頭戴斗笠，在人高的割芒、藤蔓中，一邊劈草、一邊開路的往山中爬行。而那一次爸爸媽媽在山間找了快兩個小時，腿痠了，手累了，還是找不到外公的墳墓。

眼見正午將至，家裡的忌諱是必須在中午以前祭掃，從早上到現在，全家人都累癱了，還是找不到外公的墓地，所以媽媽坐在草堆上，急得哭了。她邊哭邊說道：「小妹，外公今天不高興，不喜歡媽媽來掃墓，所以不讓媽媽找到他。」媽媽哭得傷心極了。

「沒有啊！外公很開心啊！他就在那裡，一直坐在墓碑上等妳來。」我天眞爛漫的說，安慰著媽媽。爸媽驚訝的望著我，一臉的疑惑問著：「妳說在哪裡？」我隨手一指，往前望去，一片葛蔓從樹上垂掛下來，遮去了羊腸小徑，爸媽這時再拿起鐮刀，一路砍去，果然不錯，外公的新墳就在眼前。

其實，當時的山上眞是熱鬧，每一座新墳都有大約半身的影像出現在墳頭，大家翹首盼望，也許是等子孫來祭拜、掃墓，我的外公因爲期待媽媽來看他，感覺到只有他坐在墓碑上，高人一等的眺望。

那時候年紀非常小，不懂得害怕，不過從那次之後，每一次清明節掃墓，我一定要出現，因爲我是負責找到外公墓地的知更鳥。媽媽雖然沒有再問我看到什麼，但只要有我在，她就會很安心地知道，一定找得到外公。

不知道經過多少年，我還曾經對媽媽說，現在外公不在了，聰明的媽媽隨即意會到，已經是撿骨的時候了。她高高興興地請人看日子撿骨，然後相信外公到上天做神仙去了，認爲身爲子女往生送死的孝道才算是完成。

常會說到人有三魂七魄，三魂一般人談很多，七魄談得較少，在此先解釋七魄。七魄在印度教的說法是所謂的七個光輪，爲人的能量中樞（註：人體的七大穴），這七輪在道教則稱爲七魄，且各有專名，爲人體能量的源心，實際上是指人體在完整運轉時，所需的七個能量源。以磁場觀看可約略分出不同的色度，若磁場堅實，人便健康（註：七輪爲「頂輪」（頭頂中間）、「眉心輪」（兩眉之間）、「喉輪」（喉頭）、「心輪」（心臟部位）、「太陽輪」（臍帶與肋骨之間）、「臍輪」（泛指生殖器官的部位）、「海底輪」（脊椎骨尾端），爲人體氣場現象最強烈的七個部位）。

三魂可以借用天主教「三位一體」的概念來解釋。靈魂實際上是一個整體，但是在需要時，可以一分爲二或一分爲三。以中國人傳統的祭祀習俗，先祖的靈魂會分在三個地方，一是墳土之處，一是家中的神主牌，另一個就是到靈體的集中轉介區調養生息，以等待下一個任務。

三位一體並非一定要一分爲三，如果家中信奉西方宗教，沒有祭拜，這一個靈就會與轉介區那一個結合爲一，等待新的使命。再如果說，一位功德圓滿的大善人或是大修行者，往生之後，馬上晉身神格，祂們已經可以無所不在，隨念出現，三位一體「全靈」地到宇宙的空間中（或是大家習稱的天上），這時候根本沒有「分靈」的需要。

一般人埋葬之後，「分靈」之一，大約會在新墳一到十年，接著會漸漸如水蒸氣般的分解，回歸消失於大自然中。而現在多以火葬爲主，那麼它們就會在靈骨塔一段時間，爾後，無論是回歸，或是轉世，這時候才算功德圓滿。

由於「靈」具有分身有術的本領，人往生以後，在七七四十九天之內，有些人還不知道自己已經往生，所以有一靈仍在人間辦事（例如，大樹公、三太子等）；或是有人心願未了，必須將事情處理完之後，才願意去報到，這也是我在前文所說的，有諸多神明或頑靈的原因。

但是要注意的是，並非所有的靈都是正向的，也有所謂的邪靈，也就是習稱陰廟中的靈體。當然，如果人無所求，沒有貪慾妄想，不去乞求它們，它們自不會影響到你；反之，如果行陰騭強求，甚至要求不義之財，將來所付的代價是非常慘烈的。

因爲靈有九品，下三品、中三品、上三品。粗分下來，所謂的犬將軍、狐仙、大樹公等，皆屬於下三品的靈；正廟中的神靈爲中三品；神格以上，包括神、菩薩、佛等，爲上三品。

例如大家都知道乩童能夠讓神靈附身，無論是大家最熟知的三太子、廖添丁等，但從沒有聽過上三品的釋迦牟尼佛等來附身的。上三品的神佛，不會讓人賺不當的金錢，也不會隨貢品而依附人的需求。因爲，善惡終有報，有時不是不報，只是時辰未到，天理昭然不昧，實在是千眞萬確的事。

祈求的人當然是希望有求必應，其實有求必應未必是「好」的，因爲你並不知道其來「爲何」？有時是不義之財（例如賭金），而你或許竊喜這是「白白」得到的。不過請記住，並沒有白白得到這一件事，因爲你必須相對地付出，例如，所費不貲的「還願」行爲。然須注意的是，你未必遂了「它」的期待，在於這一群在陰廟中的靈，某一些有很強的嗔怒心。你有求必應，唯它所期待的「應」，與你的回饋未必等同，所以當你「自以爲是」的認爲已經回應了，它還是不滿意之際，這時候，反而會惹禍上身。

所以，請不要道聽途說，隨著他人到所謂「非常非常靈驗」的地方去許願，因爲如何來如何去，這可能是一百八十度的兩極轉向，此種損失有時尚會傷及生命。

靈有九品，各有所爲，我們的行爲會主宰著自己與那種層次的神靈相應。人不必妄求，因爲將來的結果十之七八決定於自己目前的所作所爲。其實亦可說是「天助自助」，因爲我眞的知道，舉頭三尺確有神明。

天使語：

雖然說正信的宗教可以扶持人心，但難免有貪心一族會走偏門，其實在起心動念之初，便已結下日後的緣果。「求神不如求己」，要神明保佑健康、財富，自己更要有正確的生活習慣，以及努力向上的勤奮，因為上天不會平白無故掉下錢財，這是誰也幫不上忙的。切要記住「天助自助」。

第八章　天神殿堂好辦事？

曾經在錦衣玉食的歲月，那時刻不瞭解金錢的重要與意義，而到獨立生活，一切從零開始，一步一寸的物質生活必須搏鬥，當刻方體會錢財爲生養所需，每一個人都需要爲五斗米經營，無論是爲家人、爲自己，甚至爲其他需要幫助的人。

經過了生活的困苦，在我的經濟情況逐漸好轉之後，我對手中的資財更是精打細算，我瞭解到需要伸出援手的人太多了，但我卻選擇了爲無力安葬的往生者，尋找生命的最後落點，這也緣於自我的磨勵與對生命意義的覺知，以及想爲無形空間盡一份清理的心力。

人的一生無論是得意失意、窮愁潦倒，一生的註腳到了，誰都擋不了，對於一生努力營生的普羅階層，放下今生的悲歡離合最是重要。但是有些人就是沒有親人來幫助他們好走，他們如何能放得下？

這即是我與一群朋友成立善願小隊的初衷，盡一份棉薄的心力，爲祂們準備人生最後的棲身之所，此生已矣，來處可追，總是放下安心去罷！

這時候更瞭解金錢的意義是需要時，才有作用。也在自己有些微能力有所回饋之際，才猛然醒覺過往的富裕只是浮光掠影，不曾回饋，錢財殊無價值。而曾經的顛躓困頓乃是訓練，讓我能夠珍惜資財，用在最利的刀口上，讓每一分金錢的流向，具有價值。

這是龐貝行之後，在一步一經營的腳步上，像是菩提開花結子一般，滴滴分明磊落。而我每完成一件事情，心靈就越清徹，這是用對方向、鑿對力量的安然與知足，這時刻，知足的心靈會更加感激，要求自己必須知恩惜福。

其實這一段感懷的過程，有許多上蒼的慈悲與回饋。我在台北市廛，擁有一間自己的畫室，得來咸是奇異恩典。

有一次我在畫室租處的大樓與管理員寒暄，他對我說正要到樓上的一間住家，將法院查封的封條揭去。「因爲，這樣子對大樓的形象不佳。」管理員這麼說道。

我好奇一問，原來是我畫室的正樓上，有一間法拍屋，心想著這一間法拍屋與我畫室的格局是否相同，所以也跟著管理員上樓瞧瞧。

雖然無法進入一窺堂奧，卻得知這一間法拍屋，與我樓下的租屋其隔間、坪數、空間規劃一模一樣。當時詢問了價格，底標爲三百六十五萬元，心中合計著，如果將其買下來，用付房租的方式來清償銀行的些許貸款，是一個不錯的選擇，這樣若是現今的畫室無法續約，未來搬遷以及教學都不會發生問題。

雖然心中這麼想，但是對於如何進行法拍的標價事宜，我根本沒有一絲認識，遑論日後方知的點交、一拍、二拍，室內完整與否、保證金等瑣碎的問題。

這才是晌午發生的事情以及想法，下午我還是如常的上課。一位學生家長到畫室來接小孩，他的小孩由其他老師授課，所以我能夠得空跟他聊聊。

可以看得出來他這一天非常興高采烈，他說：「我買到一間法拍屋，價格非常低廉，終於不必再租房子了。」法拍屋？我的眼睛一亮，今天中午才去看了一間，而且方起心動念想買下它。趁著沒課，我與這位學生家長聊了一下，說出自己也想買樓上的法拍屋，但是不知道如何進行。

結果我上了一個下午「如何進行法拍屋相關細節」的專業課程，這位家長熱心解釋法拍的過程、如何寫出精準的標價等等，讓我豁然開朗。

因爲有了及時教戰的專業認知，我對先生說，決定要參與畫室樓上的法拍競標，試試看自己的運氣。先生對我的決定一向是支持的，只不過我們兩人都知道，法拍最重要的是標價，我們縱有萬般準備，標價的書寫，還是不容易裁奪。

積極參與法拍的投件，排開課程準備參與競標，但是一直到投標的前兩、三天，我與先生還不知道要寫多少錢。學生家長說，底價爲三百六十五萬，寫三百七十萬即可，因爲這一樁標案知道的人不多，所以沒有必要開太高的價格。

但我總是不放心，爲了畫室將來長治久安的考量，的確希望能夠標到，然心中反覆琢磨著，擔心寫多了怕超出預算，低了又無法標到，眞的是一心周折，進退維谷。

是夜頭腦清靈地進了夢中的殿堂，我的夢來得如此及時，夢中的殿堂如此宏偉，一座壯觀恢弘的殿宇，在煦煦的夢中，引我進入。

見到這一座極目望不盡的清靜建築，兩旁的寬度將近五十公尺，一共開了六個拱門，其高穿雲，往上一眺，更覺雄偉。我在最左邊的拱門，方要入內，看見一位相熟的朋友。她見到我，問著：「妳要去哪裡？」我說：「進去。」「我跟妳去。」她一說完，兩人跨入門檻，進入殿庭。

進門之後，才知道殿上空曠清寧，目光所及，沒有雕龍畫棟，地面光潔照人，空間中無一絲雜音。而我們的右側有一株大約有兩個人高的果樹，樹上結滿纍纍果實。那果實如同去了皮的葡萄柚，顏色肖似甜甜圈的蜜糖紅，果肉組織如海綿狀，一顆顆垂掛在枝椏中，引人入勝。

朋友一手摘了個果實，咬了一口，即將它拿給我，說，妳吃吃看。我也順口一咬，一口吃下，那口感細軟綿密，入口即化，眞是美味可口極了，才吃下這一口，我已覺得渾身是勁，力量滿盈。奇怪的是，我的朋友卻將口中的果肉吐了出來，還一直說著，難吃極了，然後居然往門外跑了出去，一溜煙的不見人影。

現下只有我一個人在偌大的殿堂上，手中拿著果實，不知如何是好。心中想著，我眞不應該偷吃了水果，因爲不知道如何處理，所以只得一直捧著這顆果子，筆直的往前走，心中很是愧疚。

這一個殿堂眞是大，窗明几淨，悄然無聲，往前一望彷若人影穿梭，我走了將近有兩百公尺左右，只見得殿堂盡處安放了一張四方形的長桌子，桌上供有水果，而方桌旁有許多六角形的紅木桌子，每一張桌子旁有著或一人、或兩人安坐下來，狀似讀書或是工作的模樣。

方桌與六角桌的間隙，有僧尼裝扮的人勤快打掃著。我還是拿著那咬了兩口的果實，不知如何處理，但我知道必須找某一位執事的人說抱歉。

終於見到一位執事者，我乖乖地交出果實，直說對不起。彷彿順理成章地，他給了我一張銀書籤，指示我找一張屬於我的桌子，叫我去臨摹一張畫，而我心中亦很清楚地知道，這個功課若是完成，就能消除偷果子的罪行。

慢慢走著，經過了許多人的桌子，看到各有各的桌上物。我找到我的六角桌，桌上是一本頁張凌亂的冊子，我看到書籤上的數字寫著二〇一，大概是第二〇一頁吧！急急翻那頁數，到了第二〇一頁，但是紙張空無一物。這時，看見隔壁桌子的人拿著一張皮書籤，桌上是一本精美的畫冊，皮書籤中間有兩個鏤空的孔，他將皮書籤放在畫冊上，出現了絕美的花卉圖案。

每一個人的書籤都不一樣吧！心中想著，這時又看見我的書籤自動浮出另一組數字，上面寫著三八一，我又翻到了第三八一頁。這一次，畫冊上是一幅山水，我終於可以臨摹了。

桌上有現成的筆，一筆畫下，是毫軟汁盈，奇特的是，臨到天空，筆尖自動流洩出靛青緞藍，還隨著手腕的力道，深淺有致。而臨到草地，筆水自動傾溢出嫩綠洋紅，入樹林則蒼翠，描牡丹則粉豔。若行筆至水域，又是淺深塘色，前後起伏各有色暈。從沒有玩過這麼便利的水筆，心中異想天開，如果有一天我能夠發明這種筆，那有多好。

快樂的畫完書籤數字上臨摹的畫，真有人間色彩盡在其中的快感，這麼美的一幅畫，應當掛在畫室才對，方想到，一張眼，已自夢中轉醒。在雄渾殿堂上的一闖蕩，除了那張畫以外，我記得最清楚的數字爲三八一，心中揣測，這個數字的意義。

再隔一天就是競標的時間了，我將心中的數字與學生家長磋商。他說，從來沒有聽過有人的標金寫著單數的一，要不就是整數的零，要不就是大吉大利尾數的六，所以一直告訴我，不必這麼寫。

雖然他是個有經驗的老手，但是我在競標當日還是寫了三八一的數字，開標時眞是奇功緣合，我眞的標到了，而緊追我的下一個數字是三八〇，我以一萬之差，標到了永久的畫室。

這是我自龐貝回台的第二年，一向積極的我，因爲與上蒼之間的承諾，不再否定或是隱晦自己的能力，時常告訴自己，當出手時即出手，也許因爲這自我調整的行爲，讓我動念期待擁有一間自己的畫室時，天神就爲我送來了這一樁禮物。

至於那天夜間夢境的壯觀殿堂，我時常猜測，這是不是天神「辦公」的地方？而且六角形紅木桌上有那麼多人伏案工作，是不是宇宙的先知們（或是善男信女）都集中在這裡，爲心中的疑惑、或是祈求，尋找天神所給與的答案。當然眞實的解答是什麼？我亦不得而知。

還有另一件奇妙的事情是，自此爾後，我鮮少生病，私底下揣度，這是不是那一口果實的「神功」，讓我的身體益形勇健，而能夠勝任更多的使命？

天使語：

時時保持「與人為善」的生活態度，如果碰上良好的觸媒，便可創造出意想不到的可能。「好消息自耳中來」，常常說「好話」，主動關心別人，則好消息回報的機率便會相對高出許多。碰見鄰居，先點頭寒暄吧！

第九章　簡約生活，純淨自我磁場

有一天早上，做了一個奇怪的夢，夢見一位五短身材的小朋友，打開我的房門，一蹬一蹭一溜煙的跳上床。我心中想著，這一個小朋友這麼面熟，五短的身形卻這麼滑稽，到底是誰？

心中才想著，手機的鈴聲響起，驚擾夢趣，張開眼睛，不禁一聲哈！唉啊！原來是我的手機來叫我起床了，那五短身材的小朋友，可不就是我的古錐手機麼！

掛下電話，腦中描繪著一圈圈茲茲無形的電波飛飆而至，在鈴聲響起之前，通知我趕快起床。嘿！這時候我對著手機頑皮的一笑：我知道是你搞的小飛機，你這個傢伙！

當然這只是一個夢境，也許是我對各種奇異的電波天生敏感，不過相信很多人也有類似的經驗。例如，當你思念著某位朋友時，想到正要打電話給他，而電話這時刻驀地響起，接起電話，心中一喝，正是那位許久不見朋友的來電。

我與一位好友就有數十次以上相似的經驗。我們兩人是二十多年的麻吉，無話不談，有一段時間因爲大家都忙，難得見面，但是心中時時思念對方。

我家的電話有插撥，她家亦然，在於大家都怕漏接重要的電話。有時，我想起她自然撥起電話，奇怪的是，電話忙線，再一次，又忙線。照道理，我們的電話是插撥線，不會有忙線的情況產生。

這時，我總是會心一笑。果不其然，不到一秒的瞬間，我的電話響起，因爲一定是她。當我接起電話，她的第一句問候語往往是，我剛剛撥了兩通電話給你，都是忙線，是不是正打電話給我？

不錯！這時，兩人一定會暢懷大笑。兩人想念對方的腦波一秒不差，同時「導電」，因此兩條插撥的電話才會接個正著，來一場「熱線不通」。

佛家常說念力，我想這應當屬於念力的一種。佛家說，念力能量大，心誠則靈。基督宗教也相信，心念純正，一心祈求，必有呼應。所以，我認爲每一個人當其心思澄澈、意念灌注時，某些電波的訊息應當可以感應得到。

我們身體有奧妙的能量波，它的速度可能高過電波或是超音波等，不過，這種能量會因爲身體「蒙塵」而隱晦，甚至會帶來身體的小病小痛。

這一陣子，坊間非常流行配戴鈦手鍊、鍺手鍊，或是所謂的能量石，如水晶、天珠等。據說，這些具有能量的金屬製品，或是天然礦石，對身體的負能量，具有「撥亂反正」的能力。

其實，人就是一個非常好的導電體，體內細胞的細胞膜帶有電荷，這些電荷的排列非常有順序。電荷會產生生物電流，即所謂的生物能，來傳達訊息。但是，當人受到壓力、長期工作勞累等狀況，電荷的排列就會出現紊亂的情形，看起來好像是一堆亂置的大頭針，而導致人體肌肉緊張、疲勞、痠痛等徵兆，讓人難以放鬆。

這是文明人常有的身體現象。製造如上述金屬製品的業者表示，配戴這些手鍊，將能夠改善身體電荷的排列，減緩痠痛等身體不適的現象。當然，其效果如何，就是見仁見智了。不過，我想強調的是，身體是會產生生物能量的，這個生物能量就是磁場。

目前有許多科技及醫療儀器可以照射到人身體所發出的能量，藉以判斷個人的健康情形，不同的人因爲健康情況殊異，所偵測出來的能量場其顏色、範圍、圖形，均有差別。我不是醫學專業人員，無法解讀其間細微的差異，不過身體就是一個磁場，磁場具有能量，以此觀點來解釋每個人天生即擁有能量場，是不差的。

無論如鈦、鍺等金屬手鍊，或是水晶、天珠的效果如何，目前坊間如此流行，表示出有許多人願意配戴，且市場有此需求。這意味著，我們的身體蒙塵、能量混亂，所以有許多人會覺得身體疲憊，渾身不舒暢，雖然不是重大疾病，但的確干擾生活品質，所以，上述製品才會有如此大的需求量。

現代人的生活品質如何？當然一定比祖先進步。我們出門有飛機、汽車代步，住屋有冷氣納涼，五臟六腑有東、西方的美食餵養，四季衣服滿櫃，足下先生的包裝也琳瑯滿目，更不論滿街的流行飾品、新潮配件。我們的享受高過雙親長上，但是我們的身體健康卻未必加分，即使沒有得到文明的疾病，也常常是這裡痠痛，那裡緊繃，睡不安穩，心浮氣躁。

身體僵硬了，四肢不勤了，所以，有人定時去泡三溫暖，有人去享受身體按摩，有人去做SPA水療，有人到健身中心跑得渾身是汗。充電過後，即刻西裝革履、套裝高雅地去上班、去赴宴，回到開著冷氣的空間中，或工作，或酬酢。離開了萬物生長的大地野外，再龜居在有限的水泥叢林內。

最近，我有許多應酬的場合，最高時刻是一晚三巡。那一天我成了趕場機器，六點四十分到了第一場。其實賓客尚未來齊，我對主人說，真的對不起，我有下一場，一定得去，匆匆地喝了果汁，和熟人寒暄一下，風火輪般的趕到下一攤。

接著是第二幕場景，七點二十分，坐定位置，動了筷子吃了前三道菜，看看時間，已經不多，又對主人說，我要趕到下一場，因爲我是當天的重頭戲，那場子的主人安排我揮毫表演。說完後，又如噴射機一般，衝到第三場，這時刻肚子空空如也，還是拿起筆墨，大筆一畫。必須盡快信筆揮灑，主人早就對我說，這張畫是他在宴會特地安插的高潮。

一陣驚賞、稱讚，又對著宴席的賓客解釋一番，當我落座，早已汗水淋漓，主桌上了魚，已經是宴席之末，我的肚子咕咕作響，正抗議沒給它好好的吃一頓。這時候我不禁想起教室轉角樓下香噴噴的滷肉飯，一碗才二十元，而今天我花了萬餘元的禮金，還不如那一碗滷肉飯。我不能怪宴客的主人，是我無法對社會的禮儀說「不」，自己選擇出席宴會。

好日子大概都是接二連三的，還是此種宴會的場景，豐富的十二道佳餚，有燕窩、鮑魚、魚翅，當魚翅上桌時，我已經是食不下嚥了。

美食當前，我卻記起前些時日，不幸被魟魚尾刺刺傷身亡的「鱷魚先生」史帝文・厄文（Steve Irwin）。厄文有國際「保育鬥士」的美譽，他被刺傷身亡之後，發現頻道播出許多他昔日爲野生動物請命的影片。

其中有一幕影片是我印象最爲深刻的。那一次鱷魚先生原本要拍攝海豚，卻在無意中拍攝到有東方的漁夫獵捕魚翅的過程（不是捕魚，而是捕魚翅），整艘船滿滿的魚獲，全是各種珍貴魚類的鰭，而未見一尾全屍。

宴席中的珍饈魚翅來自鯊魚，是鯊魚的背鰭、兩邊側鰭與尾鰭共四片，因爲亞洲如台灣、中國大陸、香港、新加坡等地喜食魚翅，並且視爲高檔的膳食，所以年消量驚人。以經濟價值來說，一船的魚翅絕對比一船的鯊魚來得有價值。

那一日拍到的場景是一條條已經死亡的鯊魚，如同冰棍般立浮在海內。一條條沒有背鰭、沒有尾鰭、沒有側鰭的鯊魚，如同人類被斷了四肢一般，硬通通的流血、僵直、無法呼吸而身亡，這種死亡的方式，比殺死整條鯊魚還要殘忍。

那一幕在我的記憶中許久，所以看著眼前這一大片人人喜啖的大排翅，我眞的是無法下口，匆匆地對友人說，因爲鬧肚子，必須盡快離席。

自這一次宴會之後，我就託稱因爲血壓上升、膽固醇也太高，謝絕了所有的宴會。每一天跟先生回家，或是一盤生菜、一碗炒麵、一些五穀雜糧飯、蒸燙一盤魚類或家畜的肉，就著醬油膏吃，眞是粒粒皆香、口口清爽。這一頓飯比嚼宴會的大餐營養又沒有油膩的負擔，我們吃得津津有味，最重要的是沒有心理壓力，自在極了。

物質、美食、物慾，不僅讓身體負荷不了，有多數的現代人更因此生病了，喪失了儉樸生活的樂趣。

我常想著，華夏百間，夜眠六尺，千金盈斗，日時三餐。如果換下了西裝套裝，穿上涼衫T恤，加上清水一杯，可以不必開冷氣，那麼爲什麼要開冷氣？地球暖化的現象不就可以減緩嗎？或者說，身體不舒暢時，騎著腳踏車到野外、或是都市新開發的河濱便道動一動，流流汗、伸展伸展筋骨，也許就可以減少到三溫暖的次數，我們的能源也能夠節約一點。

假若能再進一步減少口腹之慾，拒絕殘酷殺戮行爲的食材，例如引人非議的魚翅，如鯊魚一般掠食性魚類對海洋生態的平衡，也會幫助大自然食物鏈的織密。當然，這僅是我的遐想，算是墨客騷人知識分子的天眞。然而，如果希望我們的世界永續、子孫安康，今日退一步簡約的生活，將是來日世界的資產。

宇宙世界可以永續，人類卻不能在現世永生。人類往生時，帶不走千金、華夏、美食、珍寶，浮光掠影短暫的一生，什麼是最有價值的永恆？

我們心靈澄澈的本眞又在哪裡？

我們有否想過萬元以上的佳餚美食，可以是貧窮人家三口兩個月的生活救濟金。有許多人常常吃得肚皮中廣，再去減肥以「斤」計費，那麼爲什麼要吃得如此辛苦？何不讓自己的身體舒服一些，讓戶外的運動多一些，節餘下來的金錢，也許還可以濟助貧寒人家。

「心安自在、思淨念純、反璞歸眞、樂生立人而怡然自得」，這是澄靜心靈以及身體力行的四個階段。無窮的物慾會讓身體蒙塵、心念浮躁，既傷害了身體健康，也減損了意念的純淨與能力，讓我們與生的「善秉賦」黯淡無光。如果站在所謂的身體能量攝影機之前，可以想見其人所散發出來的光照，應當是晦澀無彩的。

而如果我們能夠反璞歸眞，回到生活的原點，尙可以讓生活的壓力減量。在台灣今日經濟不景氣，大家頻呼錢難賺的當下，也許正是調整我們消費行爲的最佳時刻。

減少不必要的支出，若是家中的櫥櫃已滿，就不要添置新衣，如果希望汰舊換新，莫若捐出給弱勢團體義賣，或是給偏遠山區物質匱乏的人家。當物質慾望越低，我們心靈的能量則越高，心念的祈求將越強。

這時候，我們已經進入能夠簡單快樂的生活，同時幫助他們「樂生立人」的階段了。想想看，如果社會的集體意識如此，何愁沒有安和樂利的大環境？又何懼八卦流言、官商惡鬥？因爲這些社會的負能量，會讓善的念力掃除出去。

還記得我曾經說過的，純淨的心念力量最大，當大家累積善念的能量越多，力量就越強。此際，生活周遭的魑魅魍魎何能囂張狂妄？因爲他們的生存空間將會被我們擊潰，而難以容身。

這絕不是墨客騷人如我般想像的空中樓閣，而是大家齊力，一定做得到的願景。

前一陣子，我與那位麻吉相約見面，兩人到師大路一帶吃了一碗牛肉麵，然後信步走到麥當勞買杯咖啡以及蘋果派，這一向是我們最喜歡的飯後甜點加咖啡。一路騎著腳踏車到景美的外環道，把腳踏車往堤外一放，天候雖然潮濕，兩個人拿著咖啡、蘋果派，向著蜿蜒的河徑走去。

我們常覺得兩人非常幸福，能夠在混濁的人世尋得純粹的友誼，能夠享受價廉又物美的牛肉麵及咖啡，而且可以於午後偷閒的在河堤散步。兩人聊起，每日報紙一攤就是令人搖頭的消息，與需要我們大衆伸出援手的弱勢個案，我們雖然集結了一些人定期做一些幫助弱勢的事情，但是總覺力不足追，時常不願意與不忍心看電視新聞及報紙。

兩人在堤外公園的籃球場盤腿坐下來，正是滿潮時刻，春水盈盈。想起前一陣子我們這一群捐出的錢，其中有許多善款是兩百元的，因爲他們是勞工階級，本來就沒有什麼資財，現在經濟又差，每天的收入均不穩定，但是依舊體恤景況更差、更需要幫助的其他人，如此光明的心念，讓我們感動與感懷。

兩人說著、說著，又充沛著希望，是那捐出兩百元善款的人，激勵我們更往前走。這一群善的種子，已經在社會的角落發酵，我們哪能懈怠？

身在都市一角的河堤，這是一年忙裡偷閒的交談。心寬自在，簡約生活，自然能量，不假外求。天空飄雨了，我們的手臂有著蚊子叮咬的痕跡，用手掌打一打、拍一拍，往原路走回，騎上腳踏車互道再見，手臂癢癢的，雨絲涼涼的，還有許多的事要做呢！

天使語：

如何創造生命的「上揚能量」與「賜福磁場」？生活簡單、心胸磊落、保持自在，如此便能淨化自己的內心。有了淨化的內在，加上大自然「無所不在」的元氣，便容易交織醇化成為充沛活絡的上揚能量。人身是小宇宙，好的磁場自然吸引好的能量，進而成為「好事近」的賜福磁場。

Q&A

一、所謂一命、二運、三風水、四積德、五讀書，可否解釋這五種因素對於人一生的重要性以及影響？

天使答：所謂「命」，指的是「命定」，意即我們無法改變、掌控的狀態。例如，人呱呱落地，出生在何地，如美國、英國、日本、台灣、衣索匹亞、印度等不同的國家，這是我們一出生即落定的「命」，難以再改變。所以人出生的地點與家庭（有人生在富豪之家，有人生而艱苦），是自己無法掌控的，這就是「命」（說來，今天能夠出生在台灣的人，一般人的「命」都是不錯的，因爲我們沒有出生在饑餓的衣索匹亞，或是戰火連綿的巴基斯坦或阿富汗等地，所以生在台灣的我們，都應當感恩了）。

但是相對於「命」，「運」就是自己可以掌握的。如同九大行星的運行、潮汐的起落，有宇宙等量關係（磁場）的運作——有「理」可循。例如，一個人如果努力工作，用心學習，就會得到等量的回饋。所以「命」難更動，「運」卻可轉換，端視自己的起心動念以及言行舉止等等行爲。

本書重點是「積德」行善，因爲積德行善能夠改變人一生的運勢，可以扭轉厄運，逢凶化吉。「積德」的行爲是與「運」呼應的對等關係。人做了什麼，就會回饋什麼，善惡的分野，屢試不爽，僥倖不得。人雖然生而不平等，但是每個人生存的機會是一樣的，行善積德用最俗世的積極面來說，就在於它會幫人改運，予人好運，甚而趨吉避凶，何樂而不爲？

常有命相師斷「命」的時候說，某某有十年、二十年的「大運」等。先不說命相師斷的命準不準，以傳統中國命理的範疇，無論是紫微斗數、八字等，皆是先民累積千年的統計智慧，自有其參考的依據，但並非放諸四海皆準的「標竿」。

例如，熱帶的人發育較早，寒帶的人成長較緩，地區不同，個人的生長狀態也不一樣，遑論個性及思想或文化的差異；何況現今地球幅員遼闊，人口密集，如果人的生長周期不同（如寒、熱帶的差異），當然大運開展的時間也不一致；何況時空場景早已轉換，當今的世界，跟老祖宗的時代相比，更加的複雜、紛亂、多元，所以希望以一套固定的標準來解釋現下的衆生相，已經失之窄隘了。

目前一般人所謂的「風水」以爲指先祖的「陰宅」（祖墳），這個觀念是不正確的。事實上「風水」百分之六十以上指的是自己住家的環境，所謂的「風生水起好運到」，也就是我們住的「陽宅」（有關居家風水的細節可以參考書中第二篇第六章）。因爲居家的環境、磁場與人的能量場有關，所以居住環境磁場佳，自己的能量場也會上揚，當然就有助於一生的運勢與順利了。

所以，談及風水，不是要去遷葬祖墳，也不必每天到山上拜拜，而是乾淨居家的環境，讓家中有充足的陽光、空氣、流動的水，甚至於敦親睦鄰，讓住家的大環境充滿著和樂與相互照料的磁場。這些人文的素養亦是家宅風水的重要因素，它能夠增進家庭成員上揚的運勢，所以不要捨近求遠，讓一些有心的命理師有機可趁。

至於讀書對於人的影響，它是有歷史因素的。過去，知識是貴族的特權，平民百姓必須仰仗讀書，求取功名來「翻身」，所以中國人一向重視子女的教育，因爲這是階層的翻轉。不過現在教育普及，大家都有受教育的機會，讀書如果是在變化氣質，或是習得溫、良、恭、儉、讓的人格，瞭解做人的道理，當然對於人一生絕對有正面的影響。但是如果藉助知識爲惡，例如古人所謂的惡訟師（今人所謂的惡律師），或是以知識來斂財等，這些人讀書無義，反而罪加一等。

二、**什麼是靈？什麼是元神？**

天使答：元神是道家的說法，但是西方宗教通稱爲靈。簡單的說，當一個人尙有軀殼存在，體內的靈魂，稱之爲元神。反之，一個人往生之後，沒有了軀殼與形體，就是靈。過去老人家常常說，不要讓嬰兒遭受驚嚇，因爲他們的元神不堅。如果我們以水來形容，嬰兒的元神就如同水蒸氣一樣，是發散的，容易一吹即散，所以襁褓小兒的元神尚不紮實、凝聚，必須特別呵護，這是元神與軀體的關係依存緊密之故。

三、妳如何解釋前世今生？一個人往生之後會去哪裡？

天使答：我個人鮮少提及前世今生，我唯相信「善有善報，惡有惡報」，而且今生一定看得到或是感覺得到。就算是某人生前爲惡，似乎沒有得到什麼懲罰，但是他一定會禍延子孫，並且在三代之內一定算得到「帳」。其實現下身旁已經有許多例子，我們不必明講，大家都「看」得到。

至於如果有人一生爲善，還沒來得及在他生前得到善果，也一定會福蔭子孫。所以我以爲前世不重要，因爲過去的事情難以彌補，但今生猶可追，只在自己善心一念而已。

至於往生以後人往哪裡去？各個宗教均有自己的教義，何況亞洲民族，更有千年以上的傳統說法，我個人並不偏向哪一種版本。我所知的是，除了「善惡有報」之外，一般人往生之後，會到一所大的「集中轉介區」去等待下一個任務，而這個時間多長？多短？因爲關係到個人的生前修爲，所以無法多說。

四、以妳的觀點，何謂鬼、神、菩薩、佛等？什麼是三度、四度、五度空間？

天使答：相對於人是有軀體的，鬼、神、菩薩、佛等，祂們則是沒有軀殼的「靈」。再簡單的說，鬼、神、菩薩、佛是以職位做區隔，其中，心懷慈悲，懷抱拯救世人，且已經晉身爲神格的，依其時間、願行、成就等，而爲神與菩薩、佛。至於鬼，則是往生之後，還沒有到達神格的那些「靈」。

常有一說是，人在三度空間，神在四度空間，佛在五度空間等，這些都是臆測而已。其實沒有所謂的四度空間或是五度空間，鬼、神、菩薩、佛與我們一樣，都在三度空間之內，只不過祂們沒有形體，是以能量場的方式存在，故我們看不見。

所謂三度空間就是長、寬、高的立體世界。如果我們從地表說起，一個人假若可以高到兩百五十公分，甚至三百公分（如同大陸的籃球健將姚明），那麼鬼靈的活動範圍不會高過人類太多；亦即鬼靈與人類存在於同一空間中，其不同於人的，在於靈沒有軀殼，僅以能量體的形式存在，故其行動輕盈飄忽出人意表，因爲它們沒有地心引力的牽絆。

至於被我們尊稱爲神格以上的神、菩薩，或是佛，祂們則是一組電波，或是數組電波，可以自由傳遞，這電波高過兩百公分、三百公分，及至更遠、更廣的範疇。神格的職位越高（如菩薩、佛等），其能量越強，速度越快，智慧越高。因爲電波的媒介太多，無論是空氣粒子、短波、長波比比皆是，所以祂們能夠充滿宇宙，無所不在，想到哪裡就去哪裡，了無障礙。當然位階越高的力量（能量）越大。舉例來說，就好像是ADSL的寬頻與光纖之間的差距一般，這中間自有速度、容量，以及無遠弗屆的區隔。

中國人說，舉頭三尺有神明，這是正確的，在於鬼靈、神明與我們都在同一個時空中，所以祂們對我們的行爲一清二楚，無論是善行還是惡行，我們是無所遁逃的。

五、每一個人的宗教信仰不同，或是沒有宗教信仰，而每一個宗教的往生觀點殊異，這中間有何差別？

天使答：不同的宗教有不同的教義，但是各種正信的宗教，都有其共通之處。以我的觀點，共通的地方在於：㈠尊重無形的宇宙（或是大自然）的力量；㈡盡心做好自己的事；㈢不要過度干預別人的事。最多以善心出發，圓滿結束。

先就第一點來說，尊重大自然的理序，例如，水是往低處流的，這是水的「天性」，但是人類如果要強力將它改道，甚而高處行進，也許短時間有效，但是長久下來，水還是會決堤，往下奔馳，這就是大自然「順勢而爲」的力量，我們必須尊重。人類若是妄想人定勝天，不僅無法達到，有時還會釀成極大的災難。

又例如，地層在變動，大家都希望事先防範，然即令在地表做一些預防的工作，還是不能避免突如其來的地震，這即是自然「自有」的理序，難以橫加阻止，生長在大自然懷抱的我們，必須學習尊重大自然的決定，亦即「天理」，勿妄自干預。

無論是何種宗教，均教導每一個人要盡心做好自己的事，對自己的生命負責。因爲人生歷程的各種階段，無論是爲人子女、爲人父母、親朋好友等倫常，都該盡力維繫經營，這是最基本的生命態度，尊重生命的正信宗教無不強調這一點。

當今社會如此紛亂，有多數原因是在社會中最小單位的「自己」，沒有做好自己的角色，沒有發揮自己的功能，反而倒過來去管其他人的事情。若舉世界上強權國家的爭鬥、戰爭爲例，就能夠瞭解其中的意涵，例如這些國家（人）不去解決自己的內政、失業問題，而去挑釁其他國家（去管其他人的事），然後讓其他國家的「反應行爲」（往往是報復）影響到自己國內的社會安定，所以紛亂爭執不休，造成更多社會的問題。

所以，尊重自己、尊重他人、尊重天理，我認爲這是不同宗教的共同觀點。

雖然每一個宗教「往生」的觀念不一樣，但是不論您信奉何種宗教，相信其教義中的解釋，並以「往生」之後的願景來期許自己，便是一件很美的事情。不過我自己卻認爲毋須等到往生，不必經過往生以後的審判（如果相信的話），莫若現在就用積極的態度即知即行（行善）來扭轉乾坤，因爲如果等到往生以後，恐怕就太慢了。

六、目前電視有許多靈異節目，妳的看法如何？

天使答：由於人對未知的世界大多沒有經驗，也非常好奇，所以此種節目才會有收視率。我個人看過此類型的節目，建議大家將其視爲一般性的綜藝節目來觀賞，不需要繪聲繪影的過度當眞。

也許其中所邀請的老師有所謂的特殊能力，例如有某老師說攝影棚有一位好兄弟來了，另一位老師則說他的感覺是超過一位，其眞假如何，誰是誰非，是難以驗證的。所以如果只是以輕鬆的心情來觀看，不要認眞，就沒有妨害。但以我自己的判斷，這些節目的內容，有大半是不正確的，當然也有正確的部分，那就是多數靈異節目的結尾是：「諸惡莫做，衆善奉行」，在這一點上，是絕對正確的。

七、有人說，打坐與冥思有相對的危險性，除非有老師指導，最好不要單獨進行，這是正確的嗎？

天使答：分兩個層次來說，所謂打坐，一般人大約只做到「調息」的部分，就是讓身體放鬆、呼吸順暢、氣落丹田，讓自己體內的器官藉著呼吸運動一下，在這個階段上，獨自一個人做，對身體健康有頗多益處，並沒有相對的危險性。

但打坐如果涉及冥思，也就是落入深沈的脫離狀態時，除非自己有能力支配「元神」的動向；因爲這時是處在一個磁場不堅實的狀態，萬一有什麼風吹草動，非常容易受到影響；這也是爲什麼要有老師引導的原因，在於有其可能的風險。

所以，當自己打坐時，集中在身體的調息，不要落入幻想中的情境，若有，淺嚐即止，才不會發生萬一的情況。

八、如果一個人無法避免還是要去算命，如何辨別好的命相師？

天使答：首先，盡量做「可以大聲說」的事，那麼去找命理諮詢的機會便會降低許多，因爲做不該做的事（良心不安）引起的「疑心生暗鬼」是行壞運的因素之一。也許有位命相師說，你在三十歲到四十歲的大運中，「命中注定」會買房子，有兩個小孩；但如果這十年你因爲相信他的話，等著大運叩門都不去工作，請問，你的房子會在哪裡？而這十年你因爲沒有工作，在家裡「櫻櫻美黛子」，所以也沒有對象可以結婚（或是交朋友），如此不用心經營感情，你的孩子又打哪裡來？

其實，每一個人都無法預知將來。但是若換另一個方向想，因爲命相師的話，想著，這十年中也許是此生唯一的機會可以結婚、置產，那麼更需要努力工作用心經營。所以命相師的話，應該只是讓我們付諸行動，幫助自己實現夢想，這才是「問命」的積極意義。

不要以爲一位命相師可以爲你（或是來算命的所有人）解決全部所有的問題，這絕對是不可能的；而且算命也不會有立竿見影之效，我們的所有一切，都必須先付出，才會有收穫，就算是「神準」的命相師，也只是「指引」一個「方向」而已，一切還是要靠自己努力，才會得到。

所以，如果有某命相師獅子大開口說，一定得花上大把金錢，才能改掉厄運，千萬不要相信，這就是騙財的開始。或是某命相師說，這一次無法解決「全部」的問題，必須一而再、再而三的來算命或處理（當然沒有白算命的，必須不斷給紅包），也不要盲從，有時這還是騙色的開始。記住，命相師不可能爲你解決切身的所有問題，天助自助者，是你自己在塑造自己的將來。莫若從此刻開始，把握機會行好事，後半輩子必有好運臨門，這是你唯一可以相信的「大道理」，而說這話的便是「老天爺」，比命相師強上幾百幾千倍。

國家圖書館出版品預行編目資料

近好事：好磁場與好報應的祕密 / 陳美蒂著
-- 初版. -- 臺北市：
小異出版：大塊文化發行, 2008.01
面； 公分. -- (不在系列 ; 4)

ISBN 978-986-82174-6-1(平裝)

1. 通靈術

296　　　　96023885

Trans+

Trans+

Trans+